Christoph Koch

WAS WÄRE, WENN ...

33 SZENARIEN, DIE UNSERE WELT NEU DENKEN

TROPEN SACHBUCH

Zweite Auflage, 2021

Tropen
www.tropen.de
© 2021 by Christoph Koch
Dieses Werk wurde vermittelt durch die Literarische Agentur Michael Gaeb
© 2021 by J. G. Cotta'sche Buchhandlung
Nachfolger GmbH, gegr. 1659, Stuttgart
Alle Rechte vorbehalten
Printed in Germany
Cover: Klett-Cotta-Design
unter Verwendung einer Illustration von © shutterstock/DG-Studio
Gesetzt von C.H.Beck.Media.Solutions, Nördlingen
Gedruckt und gebunden von CPI – Clausen & Bosse, Leck
ISBN 978-3-608-50493-4

Bibliografische Information der Deutschen Nationalbibliothek
Die Deutsche Nationalbibliothek verzeichnet diese Publikation in der
Deutschen Nationalbibliografie; detaillierte bibliografische Daten
sind im Internet über http://dnb.d-nb.de abrufbar.

INHALT

VORWORT

»Prognosen sind äußerst schwierig – vor allem wenn sie die Zukunft betreffen.« Dieser Satz wird von Mark Twain über Karl Valentin bis Kurt Tucholsky so gut wie jedem großen Denker zugeschrieben, der über eine Prise Humor verfügte. Egal, von wem er letztlich stammt: Er trifft den Kern der Sache sehr gut. Seit 2017 versuche ich dennoch jeden Monat im Wirtschaftsmagazin *brand eins* in die Zukunft zu denken. In meiner Kolumne »Was wäre, wenn …?« nehme ich mir in jeder Ausgabe ein ungewöhnliches Szenario vor, das ich dann versuche durchzuspielen. Wie sähe eine Welt ohne Bargeld aus? Eine Welt ohne Verbrechen? Was würde passieren, wenn sich Bayern von Deutschland abspaltete oder Nord- und Südkorea wieder ein Land wären?

Ich versuche dabei, so wenig wie möglich ins wilde Spekulieren zu geraten oder es bei reinen Vermutungen zu belassen. Stattdessen hole ich mir Hilfe von Expertinnen und Experten aus den jeweiligen Fachgebieten. Ich führe Interviews mit ihnen und denke zusammen mit ihnen über die verschiedenen Möglichkeiten und Auswirkungen nach. Oft weisen diese mich auf Aspekte hin, die ich vorher gar nicht bedacht hatte oder sie rücken meine Annahmen zurecht. Ergänzend ziehe ich wissenschaftliche Studien zu Rate oder versuche, vergleichbare Fälle in der Vergangenheit oder in anderen Ländern zu finden. Was kann man von Mexiko über die Einführung einer Zuckersteuer lernen? Oder vom Zerfall der Sowjetunion über eine Auflösung der Europäischen Union?

Wenn man es richtig anpackt, sind Szenarios deutlich mehr als nur Gedankenspiele, mit denen man sich die Zeit vertreibt. Der Begriff »Szenario« stammt ursprünglich aus dem Theater, wo er den Bühnenhintergrund, aber auch den groben Handlungsablauf des Stücks bezeichnete. Das Szenario als eine hypothetische Aufeinanderfolge von Ereignissen, die in einem kausalen Zusammenhang stehen, wurde wie so vieles vom Militär erfunden. In den Fünfzigerjahren stellte man bei der US-Luftwaffe fest, dass es sinnvoller sein kann, mehrere verschiedene Möglichkeiten in Betracht zu ziehen und durchzuspielen, als sich auf eine einzige Zukunftsprognose festzulegen. Der Militärstratege, Kybernetiker und Futurologe Herman Kahn (1922–1983) gilt als Vater der Szenarioforschung. Kahn verwendete verschiedene Elemente der Spiel- und Systemtheorie, um Szenarien des »Undenkbaren« systematisch zu durchdenken. Während des Kalten Kriegs bedeutete das vor allem nukleare Kriegsführung und gegenseitige Abschreckung. Kahn definierte Szenarios als »Versuche, eine hypothetische Abfolge von Ereignissen, die plausibel zu einer angenommenen Situation führen können, einigermaßen detailliert zu beschreiben.«

Der französische Manager Pierre Wack (1922–1997) brachte die Szenarioforschung schließlich von den militärischen Planungszentren in die Konferenzräume der Wirtschaft. Wack arbeitete in den Sechziger- und Siebzigerjahren für den Ölkonzern Royal Dutch Shell und half diesem sowohl die Ölkrise von 1973 als auch die von 1979 vorherzusehen und sich besser darauf einzustellen als die Konkurrenz. Auch sinkenden Ölbedarf durch zunehmende Energieeinsparungen, den Zerfall der Sowjetunion und das Aufkommen der Umweltbewegung gehören zu den Szenarios, die Wacks Team bei Shell bereits durchdacht hatte, bevor sie Realität wurden. »Geschichten über die Zukunft erarbeiten, um so bessere Entscheidungen in der Gegenwart treffen zu können«, fasste Shell die Methode zusammen, die bald auch von zahlreichen anderen Unternehmen weltweit angewendet wurde.

Wack selbst verglich das Arbeiten mit Szenarios mit einer Kajakfahrt durch die Stromschnellen eines Flusses: Man wisse grob, wohin die Reise ginge, kenne aber eben nicht den genauen Weg mit all seinen Details. Und je schneller man auf diese unsicheren Details reagieren könne, umso besser. Heute ist die Szenariotechnik eine etablierte Methode, um sich auf die immer schneller verändernde Welt einzustellen und die Zukunft auf eine logische, erklär- und nachvollziehbare Weise zu antizipieren. Bereits Wack war es immer wichtig, dass Szenarioforschung keine Kaffeesatzleserei sein darf, die nur auf Behauptungen und subjektiven Annahmen basiert: »Nehmen wir an, dass ein schwerer Monsunregen den oberen Teil des Ganges-Beckens trifft«, schreibt er in seinem Aufsatz »Uncharted Waters Ahead« (zu Deutsch etwa: Unbekannte Gewässer voraus). »Sie wissen nun, dass innerhalb von zwei Tagen in Rishikesh am Fuße des Himalaya, (…) und in Benares zwei Tage danach etwas Außergewöhnliches geschehen wird. Dieses Wissen entsteht nicht durch den Blick in eine Kristallkugel, sondern einfach durch das Erkennen der zukünftigen Auswirkungen eines bereits eingetretenen Regens.«

Bei manchen der Szenarios in diesem Buch ist es wahrscheinlicher als bei anderen, dass sie eintreten. Bei einigen scheint es nur eine Frage der Zeit, andere wirken aus heutiger Sicht extrem unwahrscheinlich. Doch selbst über solche Szenarios, die womöglich niemals eintreffen, lohnt es sich nachzudenken. Unter anderem, weil dieses Nachdenken den Blick weitet für den gigantischen Möglichkeitsraum, den die Zukunft bietet. Mir war es wichtig, die Frage, ob ein bestimmtes Szenario wünschenswert ist oder nicht, so gut es geht auszuklammern. Wenn man sich der Frage nähert, was eine Legalisierung von Drogen, die Abschaffung digitaler Verschlüsselung oder ein verpflichtendes soziales Jahr bedeuten würde und welche Konsequenzen sich daraus ergäben, ist es sinnvoll, die eigenen Ansichten oder Vorlieben auszuklammern. Denn sie können das Bild verzerren oder einen Details übersehen lassen, die offensichtlich sind, wenn man anderer Meinung ist. Nach manchen der Kolumnen, die in *brand eins* erschienen sind, erhielt ich Leserbriefe von beiden Seiten, die um ein Thema streiten. Beim Thema Tempolimit schrieben mir beispielsweise die einen, ich habe mich zu sehr für eine Geschwindigkeitsbegrenzung stark gemacht, andere klagten, ich hätte vor allem Argumente dagegen angeführt. Wenn beide Seiten behaupten, ich hätte einseitig argumentiert, halte ich das in den meisten Fällen für einen Beleg, dass es mir gelungen ist, die Neutralität des möglichst objektiven Blicks zu wahren.

Zukunftsforscher sprechen oft von »Zukünften« anstatt von einer einzigen. Ich hoffe, ich kann Ihnen in diesem Buch mit seinen 33 Zukünften ein wenig Lust am Denken in Szenarios machen. Kann Sie ermutigen, unsere Welt neu zu denken und öfter mal die Frage zu stellen: Was wäre, wenn ...?

PS: Sollten Sie Ideen oder Wünsche haben, welcher Szenarios ich mich einmal annehmen sollte, schreiben Sie mir gerne: ck@christoph-koch.net

WAS WÄRE, WENN ...

es nur noch Elektroautos gäbe?

Etwa 137 000 Elektroautos fuhren 2020 auf Deutschlands Straßen. Das sind rund 0,3 Prozent der mehr als 48 Millionen insgesamt zugelassenen Fahrzeuge. Weltweit hatten 2019 rund 2,2 Millionen Neuwagen einen Elektromotor, etwa die Hälfte ging an Kunden in China. Verbrennungsmotoren sollen dort in den kommenden Jahren nach und nach verboten werden. Das verkündete die Regierung, ohne allerdings einen genauen Zeitpunkt für das komplette Verbot zu nennen. Frankreich und Großbritannien sind da präziser und wollen Autos mit Verbrennungsmotoren ab 2040 nicht mehr zulassen, Indien ab 2030, Norwegen bereits ab 2025.

Doch was wäre, wenn alle derzeit 1,3 Milliarden weltweit fahrenden Autos bereits über leistungsfähige Akkus statt eines Otto- oder Dieselmotors verfügten?

Probleme für die OPEC

Aktuell wird etwa die Hälfte eines Barrels Öl für die Herstellung von Autokraftstoffen verwendet. Dafür gibt es dann keine Abnehmer mehr. Eine schlechte Nachricht für Erdöl exportierende Länder und eine gute für alle, die weniger von diesen Staaten abhängig sein wollen.

Auch die Ölkonzerne bekommen Probleme: »Ich sehe derzeit nicht, dass die Mineralölindustrie ernsthaft alternative Geschäftsmodelle bereithält«, sagt Jens Schippl vom Institut für Technikfolgenabschätzung und Systemanalyse (ITAS) in Karlsruhe. »Die meisten von ihnen wurden vom Thema Elektromobilität auf dem falschen Fuß erwischt, auch wenn inzwischen Konzerne wie Shell und Total dabei sind, in den Aufbau einer Ladeinfrastruktur einzusteigen. Gleichzeitig wird es in diesem Markt aber sicherlich viele neue Akteure geben.« Zum Beispiel Supermarktketten, die ihren Kunden das Auto aufladen, solange diese bei ihnen einkaufen. Noch ist dieser Service kostenlos. Wenn nur noch Elektroautos fahren, bezahlt man das Laden vielleicht gleich mit seinen Einkäufen an der Kasse.

Ohne Tankstellen weniger Zigarettenverkäufe?

Tankstellen werden in ihrer ursprünglichen Funktion überflüssig, denn Elektroautos nehmen Strom dort auf, wo sie sowieso regelmäßig längere Zeit stehen: zu Hause, auf dem Firmenparkplatz oder eben vor dem Supermarkt. Hatten sich die Tankstellen aufgrund der niedrigen Margen beim Kraftstoff ohnehin immer mehr zu Mini-Supermärkten entwickelt, setzen sie nun ganz auf das Geschäft mit Getränken, Süßigkeiten oder Tabakwaren. In den USA kommen schon heute deutlich mehr als 50 Prozent aller Zigarettenkäufe in Tankstellen zustande, schreibt der Analyst Benedict Evans vom Risikokapitalgeber Andreessen Horowitz.

Einige Autobahnraststätten bleiben als Pausenstationen vielleicht auch ohne die dazugehörigen Tankstellen erhalten. In jedem Fall werden aber die 40 Milliarden Euro an Steuereinnahmen wegfallen, die die Energiesteuer (früher Mineralölsteuer) jedes Jahr einbringt. Der Strombedarf in Deutschland wird sich durch eine vollständige Umstellung auf E-Autos um rund ein Viertel erhöhen.

Eine weitere erhebliche Veränderung: Die Umstellung auf Elektromotoren reduziert die Zahl beweglicher Teile in einem Auto auf einen Bruchteil. Zum Beispiel fällt das Getriebe komplett weg. »Ein Achtzylindermotor hat 1200 Teile, die montiert werden müssen, ein Elektromotor 17«, rechnete der BMW-Gesamtbetriebsratsvorsitzende Manfred Schoch einmal vor. In der Fertigung gibt es also für Menschen und Maschinen deutlich weniger zu tun.

Zugleich wird sich der Verschleiß und somit der Wartungs- und Reparaturaufwand drastisch verringern. Kfz-Werkstätten werden also weniger Arbeitsstunden berechnen können und weniger an Ersatzteilen verdienen. Zwar kann auch bei einem Elektroauto die Achse brechen oder der Kotflügel eine Beule bekommen – Schätzungen zufolge entsteht jedoch die Hälfte aller Pkw-Reparaturkosten derzeit durch den Verbrennungsmotor.

Die Lebensdauer eines Elektromotors gilt – abgesehen vom Akku, der beim gegenwärtigen Stand der Technik nach einer gewissen Zeit ausgetauscht werden muss – als deutlich länger als die eines Benziners. Das hat wiederum zur Folge, dass Elektroautos seltener verschrottet und neu angeschafft werden müssen – sieht man von denjenigen Käufern ab, die ein Auto als Statussymbol erwerben.

Autobatterien als Stromspeicher

Analysten der Schweizer Großbank UBS sagen voraus, dass im kommenden Jahr Elektroautos in Anschaffung plus Unterhalt mit Verbrennern gleichziehen werden. Das liege an steigenden Stückzahlen und drastisch sinkenden Preisen für Batterien: Musste man 2010 noch rund 1000 US-Dollar pro Kilowattstunde bezahlen, sind es inzwischen um die 200 Dollar.

Das führt zu neuen Umweltproblemen: »Batterien haben den Nachteil, dass sie sehr viel Energie bei der Produktion benötigen und schwierig zu entsorgen oder zu recyceln sind«, sagt der ITAS-Experte Schippl. »Außerdem kommt es natürlich darauf an, ob der verwendete Strom aus Kohlekraftwerken oder Windenergie stammt. Aber unter dem Strich und bei einem guten Strom-Mix ist E-Mobilität den mit fossilen Brennstoffen angetriebenen Fahrzeugen weit überlegen.«

Eine Möglichkeit, Batterien weiterzuverwenden, deren Leistungsfähigeit für Autos nicht mehr ausreicht, ist beispielsweise, sie als Notstromspeicher für Firmen oder Krankenhäuser einzusetzen, wo sie für Stromausfälle vorgehaltene Dieselgeneratoren ersetzen können.

Die Luft wird besser

Allein in den USA sterben jährlich 53 000 Menschen an den Folgen von Autoabgasen, das sind rund anderthalbmal so viele wie die 34 000 Verkehrstoten. Neben dem CO_2-Ausstoß sinkt auch die Feinstaubbelastung. Komplett verschwinden wird Letztere aber auch bei einer reinen Elektroflotte nicht: Denn nur ein Teil des Feinstaubs entsteht durch Abgase. Für den Rest sind Bremsen, Reifen und Straßenabrieb sowie die Aufwirbelung von Staub auf dem Asphalt verantwortlich.

Ähnlich verhält es sich mit dem Verkehrslärm. Auch er nimmt ab, wenn statt brummender Benziner und Diesel nur noch Elektrofahrzeuge durch die Straßen sirren. Doch je schneller ein Auto fährt, desto geringer ist der Anteil, den der Motor an der Geräuschkulisse hat – und umso größer wird der des Fahrtwinds. Gerade an schnell befahrenen Straßen könnte sich der Autolärm also weit weniger verringern als erhofft. »Eine ehemals stark belastete Straße wird nicht auf einmal zum beschaulichen Einkaufsparadies, wenn man auf E-Autos umschwenkt«, sagt Jens Schippl.

Den größten Vorteil für die Umwelt wird es ohnehin weder bei den Abgasen noch beim Lärm geben, sondern durch eine engere Verzahnung von Verkehr und Energiesystem. »Elektromobilität kann einen großen Vorteil für die Energiewende bringen«, sagt Schippl. Denn Solar- oder Windenergie wird nicht gleichmäßig ins Stromnetz eingespeist. Auch der Verbrauch variiert je nach Tageszeit sehr stark. »Gesteuertes Laden kann helfen, diese Schwankungen auszugleichen«, sagt er. »Mithilfe von einfachen Preissignalen lassen sich beispielsweise die Ladevorgänge in die Nacht verschieben, wenn viele Autos in den Wohngebieten geparkt sind und gleichzeitig viel überschüssige Windenergie zur Verfügung steht.«

WAS WÄRE, WENN ...

es kein Bargeld mehr gäbe?

Am beliebtesten ist der Fünfziger. Mit rund 9,5 Milliarden 50-Euro-Scheinen macht er fast die Hälfte der insgesamt mehr als 20 Milliarden in der Eurozone umlaufenden Banknoten aus. Vor allem die Deutschen lieben Bargeld. Während in Schweden viele Geschäfte schon keines mehr annehmen und selbst die Verkäufer von Obdachlosenzeitschriften mobile Kartenlesegeräte bei sich tragen, werden hierzulande immer noch rund 80 Prozent aller Zahlungen in bar beglichen. Bei Beträgen bis zu fünf Euro liegt die Cash-Quote sogar bei 96 Prozent. Doch was wäre, wenn das Bargeld abgeschafft würde?

Schulterzucken bei den Banken

58 340 Geldautomaten sind dann deutschlandweit überflüssig. Zumindest die, die ausschließlich Geld auszahlen können. Solche mit Einzahlungsfunktion dürfen in der Übergangsphase, in der Banken noch Bargeld entgegennehmen müssen, stehen bleiben. Abgesehen von den Automaten, halten sich die Folgen für Geldinstitute in Grenzen: »Die

Banken hätten vermutlich am wenigsten Probleme mit einer Umstellung«, sagt Hans-Jörg Naumer, Leiter der Kapitalmarktanalyse bei Allianz Global Investors. »Filialen mit klassischen Bargeldkassen werden sowieso immer weniger.« Auch in den meisten Geschäften sei die technische Infrastruktur bereits vorhanden oder bei Bedarf schnell einzurichten: »Darauf muss sich niemand großartig vorbereiten und Notfallpläne in der Schublade haben.«

Die Vernichtung des aus dem Verkehr gezogenen Bargeldes – wie die rund 20 Milliarden Euroscheine und 124 Milliarden Münzen – stellt keine großen Probleme dar: Banknoten werden geschreddert und entweder verbrannt oder recycelt. Ein Münzquetscher vom Modell »Decoiner« entwertet pro Stunde bis zu fünf Tonnen Münzen, die anschließend eingeschmolzen werden können. Die sechs Milliarden in Umlauf befindlichen 50-Cent-Münzen beispielsweise sind mit einer einzigen solchen Maschine in rund einem Jahr vernichtet.

Weg mit den Kassen

Händler und Gastronomen können ihre Bargeldkassen abbauen, sie arbeiten nur noch mit Lesegeräten für Bank- und Kreditkarten sowie zahlungsfähigen Geräten wie Smartphones. Zwar verlangen die Zahlungsdienstleister Gebühren für die Transaktionen, die zwischen 0,15 Prozent für Apple Pay und etwa 0,2 Prozent bei der Girocard und bis zu 1 Prozent bei Kreditkarten liegen. Dafür entfallen Kosten für Geldtransporte, Tresore und Versicherungen sowie Kosten für Münzgeldrollen, die von den meisten Banken nur noch gegen Gebühr ausgegeben werden. Da Kartenzahlung – vor allem seit für Beträge bis zu 25 Euro das »kontaktlose Bezahlen« ohne PIN eingeführt wurde – schneller geht als Barzahlung und der Kassensturz am Schichtende entfällt, sparen Einzelhändler Personal und Kosten. Sie müssen sich auch keine Sorgen um Falschgeld machen.

Der Geldverkehr zwischen Privatpersonen lässt sich zumindest für diejenigen einfach umstellen, die ein Smartphone benutzen. Denn zahlreiche Apps (von Paypal über Cringle bis zur »Kwitt«-Funktion der Sparkassen-App) erlauben es, Geldbeträge an Freunde oder Bekannte zu senden – in der Regel gratis.

Dennoch ist man hierzulande skeptisch: Bei einer repräsentativen Umfrage gaben 84 Prozent an, niemals vollständig auf Bargeld verzichten zu wollen. Dabei gibt es durchaus Vorteile: Mit der Abschaffung des Bargeldes werden Steuerhinterziehung, Geschäfte der organisierten Kriminalität und Schwarzarbeit zwar nicht unmöglich, aber doch schwieriger. Denn während sich bargeldlose Zahlungen zurückverfolgen lassen, garantiert Bargeld Anonymität – zumindest bis zu einer seit Juni geltenden Obergrenze von 10 000 Euro, ab der man sich ausweisen muss.

Das Ende der Anonymität?

Sorge um die Privatsphäre ist deshalb auch die häufigste Antwort der Bargeldbefürworter. Nicht jeder möchte, dass jeder seiner Einkäufe erfasst wird. »Prostitution oder manche weiche Drogen sind beispielsweise vielerorts legal«, sagt Kenneth Rogoff, Wirtschaftsprofessor in Harvard und ehemaliger Chefökonom des Internationalen Währungsfonds. »Trotzdem werden Konsumenten oft stigmatisiert und sind deshalb daran interessiert, anonym bezahlen zu können.«

Rogoff gilt seit seinem Buch »Fluch des Geldes« als Bargeldgegner – fordert darin aber nur die Abschaffung großer Scheine, da diese kaum von Normalbürgern, sondern fast ausschließlich von Kriminellen genutzt würden. Für die Eurozone schlägt Rogoff vor, Fünfhunderter und Zweihunderter so schnell wie möglich abzuschaffen, die 100- und 50-Euro-Scheine ein paar Jahre später. »Ganz abschaffen sollten wir das Bargeld jedoch niemals«, sagt Rogoff. Allerdings könnte es selbst bei den Scheinen mit der Anonymität der Barzahler bald vorbei sein: Denn die Kosten für die Erfassung von Seriennummern sind mittlerweile so stark gefallen, dass eine Kontrolle des Bargeldverkehrs über das Tracking dieser Nummern mit wenig Aufwand möglich wäre.

Die Chancen einer anonymen Digitalwährung wie beispielsweise Bitcoin schätzt Kenneth Rogoff wiederum als sehr niedrig ein: »Sowohl Münz- als auch Papiergeld wurden im privaten Sektor erfunden, bevor der Staat die Hoheit darüber an sich nahm«, sagt er. »Bei digitalen Währungen wird es genauso sein. Kein Staat kann eine anonyme digitale Währung als Hauptzahlungsmittel zulassen. Und da der Staat die Regeln macht, wird er immer gewinnen.«

Schutz vor Negativzinsen

Eine der wichtigsten Konsequenzen der Abschaffung des Bargeldes betrifft die Finanzpolitik, denn es steht negativen Zinsen im Wege. »Solange ich mir für eine vergleichsweise geringe Gebühr einen Tresor mieten und dort mein Bargeld deponieren kann, bin ich vor Negativzinsen meiner Bank geschützt«, sagt Hans-Jörg Naumer von der Allianz. Es wäre zwar möglich, sich mit Alternativen wie Gold oder ausländischem Bargeld zu behelfen – das ist allerdings wegen unsicherer Akzeptanz und schwankender Wechselkurse auch riskant.

Wann könnte – realistisch betrachtet – das Ende des Bargeldes gekommen sein? John Cryan, der Chef der Deutschen Bank sagte im vergangenen Jahr beim Weltwirtschaftsforum in Davos, in zehn Jahren gebe es »keinen Bedarf mehr für Bargeld«. Ähnlich sieht es Hans-Jörg Naumer: »In fünf bis zehn Jahren werden wir zu 100 Prozent bargeldlos bezahlen. Das muss man gar nicht gesetzlich verordnen, das entwickelt sich ganz von allein in diese Richtung.« Zwar ist auch er gegen eine bargeldlose Gesellschaft – aber irgendwann werde es »als uncool, unbequem und altmodisch wahrgenommen – und dann wird es sehr schnell gehen«.

Am Ende bleibt dann nur noch, den Paragrafen 14, Absatz 1, des Gesetzes über die Deutsche Bundesbank zu ändern. Denn dort heißt es momentan: »Auf Euro lautende Banknoten sind das einzige unbeschränkte gesetzliche Zahlungsmittel.«

WAS WÄRE, WENN ...

niemand mehr Fleisch äße?

M anche Menschen ernähren sich ihrer Gesundheit zuliebe vegetarisch. Andere essen kein Fleisch, weil sie das Töten von Tieren nicht mit ihrem Gewissen vereinbaren können. Ein weiteres häufig genanntes Motiv für den Verzicht sind die ökologischen Folgen von Fleischverzehr und Massentierhaltung. Doch was würde passieren, wenn niemand auf der Welt mehr Fleisch äße?

Kopfsalat vs. Schweinebauch

Mit fast 15 Prozent der schädlichen Emissionen ist die Fleischindustrie laut den Vereinten Nationen mitverantwortlich für den Klimawandel – und zwar mehr noch als Transport und Verkehr. Eine vierköpfige Durchschnittsfamilie in den USA beispielsweise verursacht durch ihren Fleischkonsum mehr Treibhausgase als durch ihre beiden Autos. Eine Studie der Universität Oxford kommt zu dem Ergebnis, dass eine fleischlose Ernährung 60 Prozent weniger Emissionen verursacht als eine fleischhaltige.

Dabei gibt es jedoch große Unterschiede zwischen einzelnen Nahrungsmitteln: Kopfsalat etwa schneidet laut einer Studie der Carnegie Mellon Universität in Pittsburgh in der Klimabilanz dreimal schlechter ab als Schweinebauch. Brokkoli, Auberginen, Reis, Kartoffeln, Spinat oder Weizen dagegen stünden in ihrer Klimabilanz erheblich besser da. Ähnlich sieht es beim Wasserverbrauch aus: Rindfleisch benötigt in der Erzeugung pro Kilokalorie rund 20-mal so viel Wasser wie Getreide. Nüsse aber verbrauchen pro Kilokalorie mehr Wasser als Hühner- oder Schweinefleisch.

Ein Ende des Hungers?

Wenn niemand mehr Fleisch isst, werden laut einer Studie der Niederländischen Umweltprüfungsagentur rund 2,7 Milliarden Hektar Weideland frei sowie rund 100 Millionen Hektar Land, das derzeit für den Anbau von Futtermitteln genutzt wird. Diese Fläche entspricht knapp dem afrikanischen Kontinent. Doch könnte man mit all dem Getreide und Soja, das bei der Fleischerzeugung verfüttert wird, den Hunger auf der Welt beenden?

»Das ist zu einfach gedacht«, sagt Martin Hofstetter, Landwirtschaftsexperte bei Greenpeace. »Dass Menschen heutzutage hungern, liegt kaum daran, dass anderswo viel Fleisch gegessen wird. Sondern daran, dass sie zu wenig Kaufkraft haben, ihre Regierung eigennützig oder korrupt handelt oder dass sie durch Wetterphänomene wie El Niño schlechte Ernten einfahren.« Letzteres sei allerdings mit dem Klimawandel verknüpft – weltweites Vegetariertum könne langfristig dabei helfen, die Zahl von Erntekatastrophen zu verringern.

Gut für die Reicheren, schlecht für die Ärmeren

Gleichzeitig würden sowohl die Preise für Land erheblich sinken als auch die Getreidepreise. »30 Prozent des weltweiten Getreides wird derzeit an Schweine und Geflügel verfüttert«, sagt Hofstetter. »Werden diese 30 Prozent frei, sinkt der Preis – wenn auch nicht grenzenlos, denn wenn Getreide im Vergleich zu den Energiepreisen zu billig wird, wird es zum Heizen genutzt.« Besonders die sehr armen Bewohner großer Städte würden von einem niedrigeren Getreidepreis profitieren. »Denn die essen sowieso kaum Fleisch und könnten sich Brot, Reis oder Maisfladen besser leisten.« Für die Landwirte – sowohl in Europa als auch in Entwicklungs- und Schwellenländern – wäre eine solche Preisentwicklung nach unten nachteilig.

Auch Andrew Jarvis vom Internationalen Zentrum für Tropische Agrarforschung in Kolumbien spricht von einem zweischneidigen Schwert: »In entwickelten Ländern hat Vegetarismus jede Menge positiver Umwelt- und Gesundheitsfolgen. In den Entwicklungsländern würde er die Armut jedoch verschlimmern.« Laut dem Bericht der Vereinten Nationen »Livestock's Long Shadow« ist Nutztierhaltung für 1,4 Prozent des weltweiten Bruttoinlandsproduktes verantwortlich. Und selbst wenn man wollte, könnte man nicht jedes Weide- in Ackerland verwandeln. »Manchmal nutzen Rinder auch Flächen, die der Mensch gar nicht anderweitig nutzen kann«, sagt Hofstetter. »In gewissen Höhenlagen lässt sich kein Getreide oder Ähnliches mehr anbauen, und manche Hanglagen sind zu steil, um sie als Acker zu bewirtschaften.«

Wer Milch sagt, muss auch Fleisch sagen

Was ist mit den Kühen, die der Milcherzeugung dienen? Kann man die nicht an diesen anderweitig schwer nutzbaren Stellen halten? Doch Milch- und Fleischerzeugung lassen sich kaum trennen. Damit die rund 4,2 Millionen Milchkühe in Deutschland weiter Milch geben, müssen sie theoretisch jedes Jahr ein Kalb bekommen. Jährlich werden also rund zwei Millionen männliche Kälber geboren, die man nicht melken kann. Dazu kommen jährlich rund 1,3 Millionen Milchkühe, die zu alt für die Milchproduktion geworden sind, denn eine Kuh wird durchschnittlich drei Jahre lang gemolken. »Für den normalen Milchbauern ist der Verkauf des Fleisches zwar nur ein Nebenverdienst«, sagt Bernhard Hörning, Experte für ökologische Tierhaltung der Hochschule für nachhaltige Entwicklung Eberswalde, »aber er hat Einnahmen daraus – und die männlichen und alten Tiere müssen ja irgendwohin.«

Als großen Vorteil eines weltweiten Fleischverzichts nennt Hörning die sinkende Belastung der Böden, des Grundwassers und letztlich des Menschen. »Mehr als 90 Prozent der Ammoniak-Emissionen kommen aus der Tierhaltung. Das regnet später wieder ab, versauert Naturschutzgebiete und so weiter.« Die Nitrat- und Stickstoffbelastung des Grundwassers ginge Hörning zufolge hingegen wohl kaum zurück, da anstelle von Gülle dann Mineraldünger eingesetzt würde.

Wenn niemand mehr Fleisch isst, gehen auch die Tier-Arzneimittelrückstände wie Antibiotika zurück, die den Menschen einerseits beim Fleischverzehr direkt, aber auch indirekt über Gülle und Grundwasser belasten. Die US-Bundesbehörde für Krankheitskontrolle und Prävention CDC schätzt, dass mehr als 400 000 US-Bürger jedes Jahr an Infektionen erkranken, die durch antibiotikaresistente Bakterien in Lebensmitteln verursacht werden.

Sieben Millionen weniger Todesfälle

Das Forscherteam um Marco Springmann von der Universität Oxford hat berechnet, dass eine weltweite vegetarische Ernährung etwa sieben Millionen weniger Todesfälle pro Jahr zur Folge hätte. Die Sterberate sänke um sechs bis zehn Prozent, vor allem weil es seltener Herz- und Krebserkrankungen gäbe sowie weniger Diabetes- und Schlaganfallpatienten. Die Einsparungen bei der Krankenversorgung und den Kosten für Klimafolgeschäden summieren sich global laut der Studie auf knapp 1,5 Billionen US-Dollar.

Die reale Entwicklung geht jedoch in die andere Richtung: Eine wachsende Bevölkerung und zunehmender Wohlstand sorgen dafür, dass der Fleischverbrauch weiter steigen wird – prozentual am stärksten in China, aber auch in den USA gehen OECD-Berechnungen von einer stark steigenden Produktion vor allem von Geflügel und Schweinefleisch bis zum Jahr 2023 aus. In Europa wird nur die Erzeugung von Rind- und Lammfleisch ein wenig sinken. Doch die Produktion und der Konsum von Fleisch insgesamt wird weiterhin zunehmen – trotz des Trends zu vegetarischer oder veganer Ernährung in bestimmten Kreisen.

WAS WÄRE, WENN ...

wir alle nur noch 20 Stunden arbeiteten?

In seinem Essay »Lob des Müßiggangs« entwarf der Philosoph und Mathematiker Bertrand Russell bereits 1935 eine Welt, in der Menschen nur noch vier Stunden am Tag arbeiten. »Der Weg zu Glück und Wohlfahrt«, so schrieb er, liege »in einer organisierten Arbeitseinschränkung«. Aufgrund der fortschreitenden Technik genüge eine stark verkürzte Arbeitszeit, um jedem ein komfortables Auskommen zu sichern. Die frei werdende Zeit könnten die Menschen hehren Zielen widmen: Forschung, Malerei oder dem Schreiben. »Vor allem aber wird es wieder Glück und Lebensfreude geben statt der nervösen Gereiztheit, Übermüdung und schlechten Verdauung«, so Russell. Doch was wäre, wenn wirklich alle Menschen nur noch 20 Stunden pro Woche arbeiteten?

Mehr Gerechtigkeit zwischen den Geschlechtern

Rund 40 Prozent der Berufstätigen wollen weniger arbeiten. Das ergab eine Studie der gewerkschaftsnahen Hans-Böckler-Stiftung. Demnach wünschen sich vor allem Männer, die 40 Stunden und mehr arbeiten, eine Verkürzung – viele von ihnen auch bei geringerem Verdienst. 12 Prozent der Befragten hingegen wollen lieber eine längere Arbeitszeit. Vor allem Frauen, die 20 Stunden oder weniger arbeiten, wollen gern aufstocken.

Eine für alle geltende 20-Stunden-Woche hätte wohl auch positive Auswirkungen auf die Geschlechtergerechtigkeit: Frauen leisten fast doppelt so viel unbezahlte Arbeit im eigenen Haushalt wie Männer. Das ließe sich leichter ändern, wenn die Lohnarbeit zwischen Mann und Frau gerechter verteilt wäre.

Auch die Produktivität könnte steigen: Denn die als Parkinson'sches Gesetz bekannte und meist augenzwinkernd zitierte Regel besagt, dass »jede Arbeit sich genau in dem Maß ausdehnt, wie Zeit für ihre Erledigung zur Verfügung steht«. Laut einer Umfrage des Marktforschungsunternehmens Harris verbrachte im Jahr 2014 der durchschnittliche US-Angestellte in Unternehmen mit mehr als 1000 Beschäftigten nur 45 Prozent seiner Arbeitszeit mit seiner eigentlichen Tätigkeit. 55 Prozent der Zeit gingen nach Angaben der Befragten für endlose E-Mail-Ketten und unnötige Meetings drauf.

Von Spitzensportlern und Schachprofis lernen

Dass eine 20-Stunden-Woche effizienter sein könnte, legen auch verschiedene Studien nahe: Wissenschaftler der Florida State University etwa zeigten, dass Spitzensportler und -musiker, Schach- und Schauspieler am besten sind, wenn sie in 90-Minuten-Einheiten mit Pausen dazwischen trainieren – aber insgesamt nicht mehr als viereinhalb Stunden pro Tag. Forscher der Universität Melbourne, die kürzlich die Arbeitsabläufe von 6500 Australiern miteinander verglichen, kamen zu dem Ergebnis, dass Über-40-Jährige ab 25 Wochenstunden an Leistungsfähigkeit einbüßen, da sie dann weniger aufmerksam und kreativ sind. Und ein Vergleich unter OECD-Mitgliedstaaten zeigt, dass es einen Zusammenhang zwischen kürzeren Arbeitszeiten und höherer Produktivität (gemessen am Bruttoinlandsprodukt pro Arbeitsstunde) gibt.

Doch zu glauben, jede Arbeit ließe sich genauso gut in weniger Zeit erledigen, ist ebenso unrealistisch wie die Annahme, die 20-Stunden-Woche würde zu doppelt so vielen Beschäftigungsverhältnissen führen. Ökonomen sprechen von der »lump of labour fallacy«, dem Irrglauben einer gegebenen Menge an Arbeit. Denn zum einen ist die Arbeitsmenge nicht konstant. Zum anderen lässt sie sich nicht kostenlos umverteilen. Fixkosten sowie Aufwendungen für Anwerbung und Einarbeitung sorgen dafür, dass zwei Arbeitskräfte, die jeweils 20 Stunden arbeiten, teurer sind als eine, die 40 Stunden arbeitet.

Sind zwei Hälften mehr als ein Ganzes?

Letztlich kommt es auf die Art der Beschäftigung an: Auf einer Pflegestation beispielsweise, wo eine kontinuierliche Betreuung gewährleistet sein muss, wird für jede Pflegekraft, die nur 20 statt 40 Stunden arbeitet, eine zweite nötig. In Kreativbranchen hingegen, in denen das Ergebnis relevanter ist als die aufgewendete Zeit, ist davon auszugehen, dass zwei 20-Stunden-Stellen dem Unternehmen mehr nutzen als ein 40-Stunden-Posten, selbst wenn die Kosten dafür ein wenig höher liegen.

Außerdem wird die Gesamtmenge an Arbeit in den kommenden Jahren und Jahrzehnten rapide abnehmen. Carsten Brzeski, Chef-Ökonom der Direktbank ING-DiBa, schätzt (auf Basis einer Studie des schwedischen Ökonomen Carl Benedikt Frey und des Informatikers Michael Osborne), dass in Deutschland binnen der nächsten zwei Dekaden Maschinen 18,3 von 30,9 Millionen Arbeitsplätzen ersetzen könnten – das sind 59 Prozent. Diese Maschinen zu erfinden, zu konstruieren und zu programmieren wird nicht dieselbe Menge an Arbeit neu schaffen. Nur 5 Prozent aller zwischen 1993 und 2003 neu geschaffenen Stellen entfielen auf Informatik, Software-Entwicklung oder Telekommunikation. Eine flächendeckende Reduzierung der Arbeitszeit könnte ein Weg sein, solch drastischen Veränderungen zu begegnen.

Die Sache mit dem Lohnausgleich

Zum Problem wird jedoch die Entlohnung: Bei einem Experiment in Schweden zeigte sich, dass eine Verkürzung der täglichen Arbeitszeit von acht auf sechs Stunden in einem Seniorenheim zwar zu einer besseren Pflege und weniger Fehlzeiten durch Krankheit führte. Durch den vollen Lohnausgleich stiegen jedoch die Kosten, weshalb der staatliche Träger den Versuch nach zwei Jahren beendete. »In Deutschland ist Arbeitszeitverkürzung in der Vergangenheit immer in Zusammenhang mit Lohnausgleich gedacht worden«, sagt der Volkswirt Niko Paech, der an der Universität Siegen

Postwachstumsökonomie, Alternatives Wirtschaften und Nachhaltigkeit lehrt. »Im Fall der schrittweisen Einführung einer 20-Stunden-Woche ist das weder machbar noch nötig. In einer modernen Gesellschaft wäre es möglich, mit 20 Stunden bezahlter Arbeit über die Runden zu kommen – in Verbindung mit ergänzender Selbstversorgung und einem sesshaften Lebensstil.« Auch der Ökonom Robert Skidelsky und sein Sohn, der Philosophieprofessor Edward Skidelsky, gehen in ihrem Buch »Wie viel ist genug?« davon aus, dass sich eine Reduzierung der Arbeitszeit ohne Lohnausgleich durch Konsumbeschränkung und Produktivitätssteigerungen dank besserer Technik realisieren lässt.

Eine verringerte Arbeitszeit würde sich auch auf den Verkehr und die Ladenöffnungszeiten auswirken: Da nicht davon auszugehen ist, dass alle Arbeitnehmer ihre 20 Wochenstunden zur gleichen Zeit leisten, dürften sich die Staus zu den klassischen Rushhour-Zeiten deutlich verringern. Einkäufe ließen sich auch tagsüber erledigen, die erweiterten Öffnungszeiten am Abend und an den Wochenenden könnten reduziert werden.

Noch einmal zurück zu Bertrand Russell. Der geht in seinem Essay sogar davon aus, dass eine 20-Stunden-Woche friedensstiftende Wirkung hätte. »Die Lust am Kriegführen wird aussterben«, schrieb er, »(...) weil Krieg für alle lang dauernde, harte Arbeit bedeuten würde.«

WAS WÄRE, WENN ...

Bayern sich von Deutschland abspaltete?

Katalonien, Schottland, Quebec – die Liste der Regionen, die sich Unabhängigkeit wünschen, ist lang. Auch in Bayern spricht sich in Umfragen zwischen einem Viertel und einem Drittel der Bevölkerung für eine Loslösung von der Bundesrepublik Deutschland aus. Aber was wäre, wenn es tatsächlich zum »Bayxit« käme?

Zukunft als Firmenstandort unsicher

Mit rund 12,8 Millionen Einwohnern liegt ein unabhängiges Bayern bei der Bevölkerung europaweit auf Platz 9, hinter den Niederlanden (17 Millionen), aber vor Belgien (11,3) und Griechenland (11,3). Ohne Bayern wäre die Fläche der Bundesrepublik knapp 20 Prozent kleiner. Bei der Wirtschaftskraft liegt Bayern mit einem Bruttoinlandsprodukt von 568 Milliarden Euro ungefähr auf Augenhöhe mit Argentinien – immerhin ein G-20-Mitglied. In den ersten zehn Monaten des Jahres 2017 exportierten bayerische Unternehmen Waren im Wert von 160 Milliarden Euro, gegenüber einem Importwert von 149 Milliarden Euro.

Dass von dem erwirtschafteten Geld zu wenig im Freistaat bleibt, ist eines der Hauptargumente der Separatisten: Von den rund 100 Milliarden Euro, die die bayerischen Finanzämter 2015 eingenommen haben, fließt mehr als die Hälfte ab. Allein beim Länderfinanzausgleich 2016 zahlte Bayern mit 5,8 knapp 55 Prozent der insgesamt 10,6 Milliarden Euro. Aber Bayern kassiert auch: Etwa 130 000 Landwirte beziehen beispielsweise Agrarsubventionen von der Europäischen Union (EU) – im Schnitt machen diese mehr als 40 Prozent ihres Einkommens aus. Unsicher ist außerdem, ob Firmen wie Microsoft, Amazon oder IBM, die viel zum Wohlstand der Region beitragen, weiterhin ihre Deutschlandzentralen oder Entwicklungsstandorte in Bayern halten würden. In der Krise um die katalonischen Unabhängigkeitsbestrebungen haben beispielsweise bis Ende 2017 mehr als 2900 Firmen ihren juristischen Sitz aus der Region in andere Teile Spaniens verlagert – rund die Hälfte in die Hauptstadt Madrid.

Scheiden tut weh

Ob Bayern sämtliche Verträge und Mitgliedschaften (von EU bis Nato, von Freihandelsabkommen bis zu polizeilicher Zusammenarbeit) komplett neu aushandeln müsste, hängt vor allem davon ab, ob es sich bei der Loslösung um eine Sezession handelte oder um eine Trennung. Im letzteren Fall würden beide neue Staaten Rechtsnachfolger Deutschlands und könnten einen großen Teil der internationalen Verträge übernehmen. »Dafür wäre jedoch zum einen die Zustimmung der Bundesrepublik sowie aller anderen Partnerstaaten erforderlich«, sagt Christoph Möllers, Professor für Verfassungsrecht und Rechtsphilosophie an der Berliner Humboldt-Universität. »Zum anderen müssten selbst in diesem Fall noch Hunderte von Dingen zwischen der BRD und Bayern ausgehandelt werden. Welche Rechte haben Deutsche in Bayern? Was passiert mit Bundeseigentum wie Straßen oder Bundesbehörden, die sich auf bayerischem Boden befinden?«

Eine Zustimmung der Partnerstaaten entweder zur Trennung oder im Falle einer Sezession zu einem schnellen Wiedereintritt in EU oder Nato könnte laut Möllers zudem schwierig werden: »Die meisten Nationen haben kein Interesse daran, eine Unabhängigkeit anderswo unkompliziert zu machen – allein um nicht die Separatisten im eigenen Land zu motivieren.«

Neue Gesetze, neue Währung

Vergleichsweise einfach ist die Frage nach einer Verfassung und einem Parlament: »Hier kann man sich entweder über eine verfassungsgebende Versammlung neu konstituieren oder mit der Landesverfassung und dem jetzigen Landtag sowie Ministerpräsidenten weitermachen«, so Möllers. Schwieriger sieht es mit Gesetzen aus: So verfügt der Freistaat beispielsweise über kein eigenes BGB und damit über kein eigenes Vertragsrecht. Überhaupt sind die meisten in Bayern geltenden Normen und Gesetze entweder Bundesgesetze oder europäische Rechtsverordnungen und Verwaltungsvorschriften – und müssten deshalb entweder neu verfasst werden, oder man müsste sich darauf verständigen, die bisherigen bundesdeutschen und europäischen Normen weiterhin zu übernehmen.

Bei der Verteidigung müsste sich Bayern nach dem Abzug der Bundeswehr mit rund 12 000 Gebirgsschützen begnügen, die in 47 Kompanien organisiert und mit Karabinern ausgestattet sind. Ob die freiwillige Truppe, zu deren Ehrenmitgliedern auch Edmund Stoiber und der Ex-Papst Benedikt gehören, zur Landesverteidigung ausreichte? Im Falle einer Sezession mit Ausscheiden aus der EU müsste auch eine neue Währung geschaffen werden. Theoretisch wäre es zwar möglich, den Euro als Fremdwährung zu verwenden – so wie es etwa Ecuador mit dem US-Dollar tut. Das dürfte jedoch für die Separatisten keine Option sein – sie wollen schließlich eine größere Unabhängigkeit von der EU-Finanz- und Währungspolitik. Immerhin hätten die unabhängigen Bayern auch weiterhin genug zu trinken: Mit 624 Brauereien gibt es dort fast ebenso viele wie im restlichen Deutschland zusammen (784). Und fast jede dritte deutsche Milchkuh ist eine bayerische.

Bundesliga ohne die Bayern?

Sportlich trumpft Bayern vor allem im Winter auf: Bei den jüngsten Olympischen Winterspielen in Sotchi landete der Freistaat beim Medaillenspiegel auf Platz 7 – und damit zwei Plätze vor Österreich. Ob der FC Bayern München und der FC Augsburg trotz Abspaltung weiter in der Fußball-Bundesliga antreten dürften, wäre Verhandlungssache. So spielt der Liechtensteiner FC Vaduz in der Schweizer Liga und der AS Monaco in der französischen.

Wäre die Unabhängigkeit überhaupt mit der Verfassung vereinbar? Dass die Frage im Grundgesetz ausgespart ist, bedeutet laut Christoph Möllers nur wenig: »Es gibt bis auf ein paar alte kommunistische weltweit nur ganz wenige Verfassungen, die überhaupt eine Ausstiegsklausel haben. Aber gerade weil es nicht geregelt ist, ist es umso interessanter, was passiert, wenn es so wie in Kanada oder Spanien einmal losgeht.« Kanada habe im Gegensatz zur harten spanischen Linie den weiseren Kurs gewählt: »Dort hat das Verfassungsgericht erkannt, dass sich solche Bestrebungen nicht per Verbot aus der Welt schaffen lassen, dass man nicht untersagen kann, darüber nachzudenken«, sagt Möllers. »Also wurde versucht, ein Verfahren zu finden, um im Gespräch zu bleiben. Und am Ende war die Abstimmung dann erfolglos.« Das Bundesverfassungsgericht scheint sich in Sachen Bayern für die harte Linie entschieden zu haben. Und lehnte 2016 ein Referendum mit der wortkargen Begründung ab, die einzelnen Länder seien nicht »Herren des Grundgesetzes«.

Anders sieht das die treibende Kraft hinter den meisten Unabhängigkeitsbestrebungen: die Bayernpartei. Sie argumentiert mit dem Selbstbestimmungsrecht der Völker und einer im Grundgesetz vorgesehenen Neugliederung der Länder. Die Bundespartei, die eine Abspaltung Bayerns vermutlich nicht gerne sehen würde, wäre hingegen die CDU: Die CSU trägt mit rund 20 Prozent der Gesamtstimmen bei Bundestags- und Europawahl bislang eine ganze Menge zum Erfolg der Union bei.

WAS WÄRE, WENN ...

der öffentlich-rechtliche Rundfunk
abgeschafft würde?

Gäbe es den öffentlich-rechtlichen Rundfunk nicht, man müsste ihn gerade jetzt erfinden«, lautete die erste These eines offenen Briefes vom September 2017. Darin veröffentlichten zahlreiche Wissenschaftler, aber auch Politiker und Vertreter der Zivilgesellschaft ihre Gedanken zur Zukunft des öffentlich-rechtlichen Rundfunks. Denn die Kritik an diesem durch »Zwangsgebühren« finanzierten, oft als »Staatsfunk« geschmähten Apparat hatte in jüngster Zeit noch einmal zugenommen. Doch was wäre, wenn es tatsächlich keinen öffentlich-rechtlichen Rundfunk mehr gäbe? Wenn man die derzeit 21 Fernsehkanäle sowie 66 Radioprogramme von ARD, ZDF und Deutschlandradio abschaffte?

In der Hand der Landesregierungen

Wer daran zweifelt, dass ein traditionell duales Rundfunksystem einfach so um seine öffentlich-rechtliche Sparte erleichtert werden kann, muss nur in die Schweiz schauen, wo genau das hätte passieren können. Am 2018 konnten dort die Bürger darüber abstimmen, ob die Empfangsgebühren abgeschafft werden sollen. Hätten sie mit Ja gestimmt, wäre die Schweiz das erste westeuropäische Land ohne öffentlichen Rundfunk gewesen. Laut zu ändernder Bundesverfassung wäre es dann dem Staat verboten, Rundfunkstationen über Gebühren zu subventionieren oder selbst zu betreiben. Es kam anders und eine Mehrheit der Schweizer stimmte gegen eine Abschaffung.

In Deutschland würde der Weg statt über ein Referendum wie die Schweizer No-Billag-Initiative (benannt nach dem Inkasso-Unternehmen, das die Gebühren einzieht) über die Landesregierungen führen. Um den öffentlich-rechtlichen Rundfunk abzuschaffen, müssten sie die zwischen ihnen geschlossenen Rundfunkstaatsverträge entsprechend ändern. Diese regeln neben der Koexistenz von öffentlich-rechtlichem und privatem Rundfunk auch den Programmauftrag von ARD, ZDF und Deutschlandradio sowie die Finanzierung, die Gebühren und den Jugendschutz. Zusätzlich müssten die entsprechenden Landesgesetze wie das WDR-Gesetz in Nordrhein-Westfalen geändert werden.

19 Jahre Fernsehen pro Jahr

Selbstverständlich könnte bei Einstellung des öffentlich-rechtlichen Angebots kein Rundfunkbeitrag mehr erhoben werden. Er beträgt 17,50 Euro monatlich pro Haushalt und macht derzeit durchschnittlich rund 42 Prozent der monatlichen Ausgaben für den Medienkonsum deutscher Haushalte aus. Diese Beiträge summieren sich auf etwa acht

Milliarden Euro im Jahr – ein Betrag, der dem deutschen Medienmarkt als Ganzes plötzlich fehlen würde. So strahlen die öffentlich-rechtlichen Fernsehsender, die auf einen gemeinsamen Marktanteil von 45,2 Prozent kommen, jährlich etwa zehn Millionen Sendeminuten aus, das entspricht rund 19 Jahren. Dazu kommen mehr als dreimal so viele Sendeminuten im Radio. »Ein rein werbefinanziertes Mediensystem wäre ein sehr viel kleineres, als wir es heute haben, auch wenn das die Kritiker der öffentlich-rechtlichen Anstalten nicht gern hören«, sagt Christoph Bieber, Politikwissenschaftler an der Universität Duisburg-Essen und einer der Unterzeichner des offenen Briefes. »Das reicht von den Kosten für die Fußballspiele, die RTL und Co. plötzlich komplett allein stemmen müssten, bis zu den Produktionskosten für Dinge wie den ›Tatort‹.«

Abwanderung zu den Privaten nicht sicher

Außerdem sei nicht gesagt, dass ein Wegfall der öffentlich-rechtlichen Konkurrenz einen entsprechenden Reichweiten- und somit Erlöszuwachs für die Privatsender bedeutete. »Gerade im regionalen Bereich würde es kaum eine Abwanderung zu den Privaten geben«, so Bieber. Auch die Mediennutzer, die heute auf seriöse Informationsangebote wie das Auslandsjournal oder den Deutschlandfunk schwören, würden vermutlich eher zu BBC oder CNN abwandern, als RTL 2 oder die Morningshow eines Privatradios einzuschalten. »Mittel- und langfristig müssten sich die kommerziellen Sender in Richtung des öffentlich-rechtlichen Angebots bewegen«, so Bieber. »Momentan gibt es da ja eine gewisse

Arbeitsteilung mit Blick auf unterhaltende oder informierende Programminhalte.«

Derzeit arbeiten etwa 24 000 Menschen fest angestellt für die öffentlich-rechtlichen Rundfunkanstalten. Diese würden im Falle einer Abschaffung jedoch nicht automatisch alle über Nacht arbeitslos. Denn zahlreiche Redaktionen oder Studios wären – inklusive Technik und Personal – für die private Konkurrenz interessant, seien es ProSiebenSat.1 Media oder relativ neue Akteure wie Netflix, Apple oder Amazon. »Auch Abteilungen wie die Medienforschung oder Technikeinheiten sind sicherlich Filetstücke, die schnell Käufer fänden«, sagt Bieber.

Rundfunkorchester und Kinoprogramm

Schwieriger wäre dies bei den sogenannten Klangkörpern, also beispielsweise den Rundfunkorchestern oder Bigbands. »Folgen einer Abschaffung könnten letztlich bis in die Theater hineinreichen, wo viele Schauspieler nebenbei Hörspiele für öffentlich-rechtliche Nischenformate einsprechen.«

Auch das Kinoprogramm, bei dem viele deutsche Produktionen durch öffentlich-rechtliche Filmförderung mitfinanziert werden, wäre weniger vielfältig. Von den diversen Rundfunkgremien würden manche überflüssig, aber nicht alle. Während man die Kommission zur Ermittlung des Finanzbedarfs der Rundfunkanstalten (KEF) nicht mehr brauchte, blieben die Kommission zur Ermittlung der Konzentration im Medienbereich (KEK) und die Landesmedienanstalten wohl mindestens so gefordert wie zuvor. »Große Behörden werden da nicht überflüssig«, sagt Christoph

Bieber. »Das meiste sind Kollegialorgane wie etwa die Rund-funkkommission – und selbst die Rundfunkräte bedeuten am Ende Kosten, die nichts sind gegen ein ordentlich über-tragenes Drittligaspiel.« Die nach pluralistischen Gesichts-punkten zusammengestellten Rundfunkräte erhalten Auf-wandsentschädigungen von 256 Euro jährlich (bei Radio Bremen) bis zu 1000 Euro monatlich (beim WDR), hinzu kommen Reisekosten und Sitzungsgeld.

Ganz sicher lukrativ sind die Frequenzen, die die öffent-lich-rechtlichen Sender belegen. Diese lassen sich nicht nur für Rundfunk, sondern auch für Mobilfunk, mobiles Inter-net oder andere Dienste nutzen – und dürften deshalb auf hohes Käuferinteresse stoßen. Zuletzt erlöste die Bundes-netzagentur mit der Versteigerung eines deutlich kleineren Teils des Frequenzspektrums mehr als fünf Milliarden Euro. Alternativ könnte zumindest ein Teil der Frequenzen auch der Öffentlichkeit zur Verfügung gestellt werden, damit die Allgemeinheit sie durch Vereine oder offene Kanäle nutzen und bespielen kann.

Nicht zuletzt würden sich auch deutsche Online-Ange-bote maßgeblich verändern, gäbe es die öffentlich-rechtli-chen nicht mehr – von der »Tagesschau in 100 Sekunden«, die mittlerweile auch über Amazons Alexa abrufbar ist, bis zur ZDF-Mediathek oder den Podcasts des Deutschland-funks. Der Wegfall des öffentlich-rechtlichen Rundfunks würde also an vielen Stellen ein Vakuum hinterlassen. Ein Vakuum, auf das nur wenige Deutsche wirklich Lust zu ha-ben scheinen: In einer Umfrage sprachen sich 2020 nur rund ein Fünftel für eine Abschaffung der öffentlich-rechtlichen Sender aus.

WAS WÄRE, WENN ...

alle Drogen legal wären?

Zahlreiche US-Bundesstaaten haben seit 2014 Marihuana legalisiert, zumindest für medizinische Zwecke. Einige, wie Colorado, Oregon und Kalifornien, erlauben den Cannabiskonsum inzwischen auch zu »rekreativen Zwecken«, also zum Vergnügen. Auch in Deutschland wird verstärkt über die Freigabe von Marihuana debattiert. Doch was würde passieren, wenn man nicht nur Marihuana, sondern gleich alle bislang verbotenen Drogen freigäbe?

Neugier und der Reiz des Verbotenen

Schulkinder, die am Kiosk Heroin kaufen können, Kinowerbung für Kokain – das will niemand. Bei einer Legalisierung müsste eine kontrollierte Abgabe sichergestellt sein – etwa durch Apotheken oder Geschäfte mit einer speziellen Lizenz. Altersgrenzen wären ebenso nötig wie ein Werbeverbot. Bestimmte Drogen gäbe es nur auf Rezept, nach ärztlicher Untersuchung oder einem Beratungsgespräch.

Laut Schätzungen des Büros für Drogen- und Verbrechensbekämpfung der Vereinten Nationen konsumieren derzeit weltweit 255 Millionen Menschen illegale Substanzen. Entgegen gängiger Auffassungen werden 88 Prozent der Nutzer nicht schwer abhängig oder rutschen sozial ab, sondern haben ihre Drogennutzung weitgehend im Griff. Die Gefahr, dass der Konsum durch eine Legalisierung zunähme, schätzen Experten als sehr gering ein. Sicherlich gibt es einige Neugierige, die die Kriminalisierung bislang davon abhält, einmal Ecstasy auszuprobieren. Andererseits nähme eine Legalisierung den Reiz des Verbotenen. Grundsätzlich gilt: Wer unbedingt Drogen nehmen will, tut dies in der Regel ungeachtet von Verboten. »Es lässt sich kein Zusammenhang zwischen der Rechtsentwicklung und der Konsumentwicklung beobachten«, fasst Raphael Gaßmann, Geschäftsführer der Deutschen Hauptstelle für Suchtfragen, einen Bericht der Europäischen Drogenbeobachtungsstelle zusammen.

Bernd Werse, Mitbegründer des Centre for Drug Research an der Frankfurter Goethe-Universität, bestätigt das: »In den Niederlanden kiffen kaum mehr Menschen als in Deutschland, und auch in Colorado gab es nach der Legalisierung nur einen kurzfristigen Anstieg unter jungen Erwachsenen – nicht unter Jugendlichen.« In Tschechien und Portugal, wo der Konsum harter Drogen zumindest entkriminalisiert worden sei, habe sich dadurch nichts geändert. »Die Konsumraten sind teilweise sogar gesunken.«

Hohe Margen auf einem ineffizienten Markt

Der weltweite Umsatz mit illegalen Drogen wird, je nach Quelle, auf bis zu 600 Milliarden Euro geschätzt, der größte Teil davon entfällt auf Cannabis, gefolgt von Kokain. Für

Deutschland geht man von rund 2,5 Milliarden Euro pro Jahr aus. Die Preise sind aus mehreren Gründen hoch: Der Markt ist durch die Illegalität begrenzt, intransparent und dadurch ineffizient. Außerdem gleichen vom Erzeuger über den Schmuggler bis zum Verkäufer alle Beteiligten ihr Risiko durch hohe Margen aus.

Sinkende Preise hätten einen Rückgang der Beschaffungskriminalität zur Folge. In Colorado und anderen US-Staaten, die Marihuana legalisierten, gingen beispielsweise die Gewaltverbrechen deutlich zurück. Damit gerade harte Drogen durch eine Legalisierung nicht zu billig und dadurch attraktiv werden, könnte man sie wie Tabak und Alkohol besteuern. Die libertäre US-amerikanische Denkfabrik Cato Institute schätzt in einem Bericht die möglichen Steuereinnahmen für die USA auf rund 46,7 Milliarden Dollar.

Maximilian Plenert, Sprecher des Bundesnetzwerks Drogenpolitik bei den Grünen, geht für Deutschland von Einnahmen von einer Milliarde Euro allein durch die Besteuerung von legalisiertem Marihuana aus. Hinzu kämen Einsparungen bei Polizei und Justiz. Das Cato Institute beziffert sie für die USA mit 41,3 Milliarden Dollar fast genauso hoch wie die potenziellen Steuereinnahmen.

Jobwunder Drogenmarkt

Wie viele Menschen von der Herstellung und dem Handel mit illegalen Drogen leben, lässt sich nicht verlässlich ermitteln. Schätzungen zufolge leben zum Beispiel in Marokko rund eine Million Menschen von der Drogenherstellung. Und allein für den mexikanischen Drogenboss Joaquín Guzmán, »El Chapo« genannt, sollen rund 150 000 Menschen direkt oder indirekt arbeiten.

Was würde also aus den Produzenten, den Dealern und Schmugglern? Häufig wird befürchtet, dass diese sich einfach auf andere illegale Geschäfte verlagern – vom Waffenschmuggel bis zum Bankraub. »Produzenten könnten, wenn sie Qualitätsstandards einhalten, ganz legal an die Abgabestellen liefern«, sagt Bernd Werse. »Aber auch Dealer und Schmuggler würden vermutlich nur selten in andere illegale Bereiche wechseln, da sich beispielsweise der Markt für geschmuggelte Waffen ja nicht beliebig erweitern lässt. Ohnehin wird ein Großteil des Endverbrauchermarktes durch Konsumenten bestritten, die kleine Mengen weiterverkaufen.«

Qualitätssicherung und bessere Forschung

Natürlich würde es auch bei einer Legalisierung einen – wenn auch deutlich kleineren – Schwarzmarkt geben, zum Beispiel weil Jugendliche durch die Altersbegrenzung weiterhin ausgeschlossen wären. »Studien haben aber gezeigt, dass die meisten Jugendlichen sich nicht über Dealer versorgen, sondern über Freunde«, so Werse. »Dieses Social Supply genannte Phänomen würde vermutlich bestehen bleiben, und ein großer Teil davon käme letztlich aus legalen Quellen.«

Dass eine Legalisierung auch eine bessere Qualitätskontrolle und damit geringere Gesundheitsrisiken bedeutet, ist eines der wichtigen Argumente der Befürworter. Bei einem Verkauf über lizenzierte Stellen ließe sich etwa die Reinheit besser kontrollieren und somit Überdosierung vermeiden. Auch der Anreiz, Altersgrenzen einzuhalten, ist für einen lizenzierten Händler höher als für einen illegalen Dealer, der eine Straftat begeht – ob er an Erwachsene verkauft oder an Kinder. Nicht zuletzt würde eine Legalisierung auch die Erforschung von Drogen, ihrer Wirkung und der Entstehung von Sucht erleichtern – was die Behandlungsmethoden verbessern könnte.

»Rechtsphilosophisch ist es ohnehin schwierig, Menschen für etwas zu bestrafen, womit sie ausschließlich sich selbst schaden«, sagt Bernd Werse. »Dazu kommt, dass die Zahl der Drogentoten steigt, je repressiver eine Gesellschaft mit Drogen umgeht.«

So sterben beispielsweise in Schweden, wo sehr hart gegen Drogen vorgegangen wird, viermal so viele Menschen daran wie im europäischen Durchschnitt. Auch Bayern, das in Deutschland die rigideste Drogenpolitik hat, ist das Bundesland mit den meisten Drogentoten. Im besten Fall könnte eine Legalisierung also Leben retten.

WAS WÄRE, WENN ...

in den USA alle privaten Schusswaffen verboten würden?

Auf Amokläufe an US-Schulen folgt normalerweise ein eingespieltes Ritual: Die einen fordern eine schärfere Kontrolle von Schusswaffen. Die anderen warnen vor Überreaktionen, »Gedanken und Gebete« für die Hinterbliebenen seien genug. Nach einem Amoklauf im Februar 2018 in Florida schien sich etwas zu ändern. Auf Druck von Schülern wurde im folgenden März ein Gesetz verabschiedet, dass die Altersgrenze für den Kauf von Schusswaffen in Florida auf 21 Jahre anhebt und Wartefristen vorsieht – gleichzeitig aber die Bewaffnung von Lehrern erlaubt. Doch was wäre, wenn die USA private Schusswaffen komplett verböten?

Statistisch pro Amerikaner eine Waffe

In keinem anderen Land der Welt gibt es so viele Pistolen, Revolver und Gewehre in Privatbesitz wie in den Vereinigten Staaten. Da sie nicht registriert werden müssen, gibt es nur Schätzungen, die von 270 bis 310 Millionen Stück reichen. US-Bürger besitzen damit rund die Hälfte aller privaten Schusswaffen der Welt, obwohl sie nur fünf Prozent der Erdbevölkerung ausmachen. Statistisch kommt auf jeden Amerikaner ungefähr eine. In Deutschland kommen auf 100 Menschen etwa sieben private Schusswaffen.

Den Amerikanern ihre Colts und Smith & Wessons zu verbieten scheint nahezu unmöglich: Die Lobby-Organisation National Rifle Association (NRA) ist mächtig und verhindert selbst kleinste Einschränkungen wie Überprüfungen beim Onlineverkauf von Waffen oder Altersgrenzen. Auch gegen das in Florida verabschiedete Gesetz hat der Verband sofort Beschwerde eingelegt. Der Zweite Zusatzartikel zur Verfassung garantiere jedem US-Bürger das Recht, eine Waffe zu tragen, so die Argumentation.

Verfassungsänderung nicht zwingend nötig

Müsste also zuerst die Verfassung geändert werden, wenn man Schusswaffen in den Vereinigten Staaten verbieten will? Nicht unbedingt, denn bis in die Sechzigerjahre hinein wurde der besagte Zusatzartikel nicht als Grundrecht auf privaten Waffenbesitz interpretiert. Erst eine – durch die NRA geförderte – Flut von juristischen Aufsätzen führte zu der heutigen Auslegung.

Doch selbst wenn es gelänge, ein gesetzliches Waffenverbot zu verabschieden: Es wäre schwierig durchzusetzen. Denn die »Waffen sind nirgends erfasst, niemand weiß, wer sie besitzt«, sagt Andrew Morral, der sich bei der Denkfabrik Rand Corporation mit dem Thema befasst. »Die Polizei könnte nicht losgehen und sie beschlagnahmen. Auch ein verordnetes Rückkaufprogramm wie in Australien würde nicht funktionieren«, so die Einschätzung von Morral.

Nachdem in Australien das Waffenrecht 1996 und 2003 verschärft und verbotene Waffen wie Gewehre oder Schnell-feuerwaffen eingesammelt worden waren, sanken die To-desfälle durch Schusswaffen signifikant – um etwa 14 Pro-zent. Dass auch in den USA ein Waffenverbot für weniger Morde, Selbstmorde und tödliche Unfälle durch Schusswaf-fen sorgen würde, liegt also nahe.

Gewollte Forschungslücke

Weitere Auswirkungen sind schwer vorauszusagen: »Es gibt so gut wie keine wissenschaftliche Forschung darüber, wie sich Änderungen der US-Waffengesetze auswirken könn-ten«, sagt Morral, der gerade als leitender Autor die Meta-studie »The Science of Gun Policy« veröffentlicht hat, die die spärlichen Untersuchungen auf diesem Gebiet zusammen-trägt. »Verglichen mit der Forschung zu anderen Todesursa-chen, werden im Bereich Schusswaffen gerade mal zwei Pro-zent an Forschungsgeldern ausgegeben. Es ist verrückt, dass wir über dieses wichtige Thema so wenig wissen.«

Aber durchaus gewollt: So wurde dem Centers for Disease Control (CDC), der wichtigsten Forschungseinrichtung auf dem Gebiet, 1996 gesetzlich verboten, Studien zum Thema Schusswaffen zu finanzieren. Dahinter steht wiederum die NRA. Die wenigen existierenden Studien lassen sich so zu-sammenfassen: Müssen Waffen weggeschlossen werden, sterben weniger Kinder. Steigen die Auflagen für den Kauf, sinken die Mord- und Selbstmordraten. Schränkt man das

Recht ein, verdeckt eine Waffe zu tragen, gibt es weniger unbeabsichtigte Schussverletzungen.

Was wäre mit der Waffenindustrie? Neun Millionen Schusswaffen wurden 2014 in den USA hergestellt, 3,6 Millionen weitere importiert. Der Gesamtumsatz allein der Produzenten wird auf 16 Milliarden Dollar pro Jahr geschätzt – ein Großteil davon entfällt auf Munition.

Polizei und Militär blieben den Herstellern zwar als Kundschaft erhalten, rund 60 Prozent ihrer Umsätze machen die Firmen aber mit privaten Käufern. Noch einschneidender wäre ein Verbot für die Händler: 139 840 Lizenzen zum Verkauf von Schusswaffen waren Ende 2015 aktiv. Das Spektrum geht dabei von kleinen Geschäften bis zur Handelskette Wal-Mart, die als der größte Waffenladen der USA – und somit der Welt – gilt.

Waffen also nur für Kriminelle?

141 500 Jobs in Herstellung und Vertrieb wären unmittelbar betroffen, außerdem etwa 150 000 Arbeitsplätze bei Zulieferern und Unternehmen, die zum Beispiel Schießstände betreiben. All diese Stellen dürften nach einem Verbot privater Waffen nicht komplett wegfallen – aber erheblich reduziert werden. Das Gleiche gilt für die rund 6,5 Milliarden Dollar Steuern, für die der Wirtschaftszweig sorgt.

Eines der Hauptargumente der NRA lautet: Wenn alle rechtschaffenen Bürger ihre Waffen abgeben müssen, bleiben nur noch die Kriminellen bewaffnet, da diese sich nicht an ein solches Verbot halten. Das mag stark übertrieben sein – naiv wäre es aber, anzunehmen, dass mit einem Verbot himmlischer Friede ausbricht. So kam eine Studie der Kellogg University zu dem Ergebnis, dass die Häufigkeit von Schulmassakern deutlich stärker von der wirtschaftlichen Perspektive und der Arbeitslosenquote abhängt als von der Verfügbarkeit von Schusswaffen. Zudem zeigen Drogen, dass ein Verbot Dinge nicht aus der Welt schafft (siehe »Was wäre, wenn … alle Drogen legal wären?«).

Und drittens ließen sich für all die Verbrechen, die Menschen derzeit mit Schusswaffen begehen, auch andere Waffen benutzen. Doch die Folgen wären wohl weniger gravierend: Bei einem Amoklauf in einer chinesischen Schule, bei dem der Täter ein Messer benutzte, wurden zwar 22 Kinder verletzt – getötet wurde jedoch kein einziges.

WAS WÄRE, WENN ...

Facebook zerschlagen würde?

Als Mark Zuckerberg im April 2018 anlässlich des aktuellen Datenschutzskandals von dem US-Senator Lindsey Graham gefragt wurde, wer Facebooks größter Konkurrent sei – oder ob das Unternehmen ein Monopol besitze –, kam der Gründer ins Stocken. »Für mich fühlt es sich nicht so an«, antwortete er schließlich. Doch tatsächlich kann man dem sozialen Netz aus Menlo Park kaum entkommen – egal ob als Privatperson oder Unternehmen. Aber was wäre, wenn Facebook zerschlagen würde?

Eine Monopolstellung wie einst Standard Oil

Rund zwei Milliarden Menschen weltweit nutzen die Plattform regelmäßig, 1,4 Milliarden sogar täglich. Der durchschnittliche Nutzer besucht sie achtmal am Tag und verbringt dort insgesamt 35 Minuten. Zum Vergleich: Twitter hat gerade mal ein Siebtel der regelmäßigen Nutzer (330 Millionen) und wird im Durchschnitt nur eine Minute pro Tag genutzt. »Facebook hat eindeutig eine Monopolstellung, wie Standard Oil sie im 19. oder AT&T im 20. Jahrhundert hatten«, sagt Kevin Carty von der Denkfabrik Open Markets Institute in Washington D. C. »Und diese beiden Monopole wurden zu Recht zerschlagen.«

Eine Entflechtung in regionale Einheiten wie beim Telefonkonzern AT&T wäre bei Facebook aber nicht ideal. Ein amerikanisches, ein europäisches und ein afrikanisches Facebook? Für viele Menschen liegt der Nutzen des Mediums gerade darin, unkompliziert mit Freunden und Verwandten auf der ganzen Welt verbunden zu bleiben. »Logischer wäre eine Abspaltung von Bestandteilen, die Facebook sowieso erst nachträglich zugekauft hat: Instagram und Whatsapp«, sagt Achim Wambach, Präsident des Zentrums für Europäische Wirtschaftsforschung und Vorsitzender der deutschen Monopolkommission.

Zerschlagung könnte den Mehrwert für die Nutzer zerstören

Mit diesen Zukäufen hatte sich Facebook zwei mögliche Konkurrenten einverleibt und die eigene Position weiter gefestigt: Mittlerweile sind 79 Prozent aller Internetnutzer in den USA auf Facebook – und das zweiterfolgreichste Netzwerk ist Instagram, das 32 Prozent verwenden. Bei den »mehrfach täglich« genutzten Apps liegt Facebook auf Platz 1, gefolgt von Whatsapp. Im Januar 2018 gehörten fünf der sechs meistinstallierten Android-Apps zu Zuckerbergs Konzern. Whatsapp, Facebook Messenger, Instagram und Facebook belegten die ersten vier Plätze, Facebook Lite den sechsten.

»Eine Zerschlagung muss trotzdem immer die Ultima

Ratio bleiben«, sagt Achim Wambach. »Denn zum einen ist es ein massiver Eingriff in die Eigentumsrechte. Zum anderen zerstört man damit gerade bei einem Unternehmen, das derart auf Netzwerkeffekten basiert, ein Stück weit den Mehrwert, den es liefert.« Für die Nutzer müsste sichergestellt werden, dass die einzelnen Teile des Unternehmens nach wie vor problemlos zusammenarbeiten. Wären nach der Zerschlagung von AT&T keine Gespräche zwischen den Kunden der neuen regionalen Unternehmen möglich gewesen, wäre das Telefon nutzlos geworden.

»Es müssen Standards etabliert werden, die es ermöglichen, Nachrichten zwischen verschiedenen sozialen Netzwerken zu verschicken oder von meinem Facebook-Profil aus auf etwas zu reagieren, was ein Freund in seinem MyFace- oder BookFace-Feed geschrieben hat«, sagt Kevin Carty vom Open Markets Institute. »Eine solche Interoperabilität macht ein Ökosystem mehrerer gleichberechtigter Plattformen im Grunde erst möglich.«

Massiv verändern würde eine Zerschlagung von Facebook auch das Geschäft mit Werbung. Derzeit gehen etwa zwei von zehn Werbedollars, die im Internet ausgegeben werden, an Facebook. Nur Google nimmt noch mehr ein. Möglich sind diese Milliardeneinnahmen, weil Facebook mit all seinen Unternehmen Nutzerdaten sammelt und zu wertvollen Profilen zusammenfasst.

Die Zulieferer reichen vom Facebook Messenger über Instagram bis hin zur VPN-App Onavo, die verspricht, Nutzer und ihre Daten vor Missbrauch zu schützen, wenn sie öffentliches WLAN verwenden. Doch seit Facebook die israelische Fima 2013 gekauft hat, erhält es die Daten über das Surfverhalten der Nutzer, die Onavo installiert haben, millionenfach – unabhängig davon, ob sie ein Facebook-Konto haben oder nicht. »Der heutige Online-Werbemarkt basiert auf massenhafter Datenaggregation nahezu ohne Rechenschaftspflicht«, sagt Carty. »Würde man Facebook zerschlagen, müsste man sich zwangsläufig auch Google vornehmen, da es ähnliche Tracking- und Targeting-Methoden einsetzt.«

Mehr Konkurrenz um die Nutzer

Hätte Facebook ernst zu nehmende Rivalen, müsste es sich mehr um seine Nutzer bemühen als bisher. Gäbe es mehr Anbieter, würden diese automatisch auch beim Datenschutz konkurrieren – und Missbrauchsfälle wie der durch die Firma Cambridge Analytica kämen vermutlich seltener vor.

Facebooks Übernahme von Whatsapp 2014 war von der Europäischen Kommission ohnehin nur unter der Voraussetzung genehmigt worden, dass die Firma bestehende Facebook-Profile nicht automatisiert bestehenden Whatsapp-Konten zuordnen kann. Als sich später herausstellte, dass dies doch problemlos möglich war, verhängte die EU-Kommission eine Strafe von 110 Millionen Euro – eine Summe, die das soziale Netzwerk in weniger als drei Tagen verdient.

Theoretisch könnte es auch die EU-Kommission sein, die die Zerschlagung von Facebook in Angriff nimmt: Laut einer EU-Verordnung von 2003 kann sie Entflechtungsmaßnahmen wie den Verkauf von Unternehmensteilen anordnen, wenn ein Unternehmen in der Europäischen Union tätig ist. »Dazu muss sie aber nachweisen, dass Facebook seine marktbeherrschende Stellung missbraucht und dieses Verhalten auch nicht ändert«, sagt der Kartellwächter Achim Wambach. »Eine missbrauchsunabhängige Entflechtung ist derzeit weder nach europäischem noch nach deutschem Recht möglich.« In jedem Fall wäre es schwierig, eine solche Sanktion gegenüber dem Unternehmen durchzusetzen, denn: »Da wäre die EU auf Amtshilfe der USA angewiesen, und meines Wissens hat es so einen Fall bislang nicht gegeben.«

Aus diesem Grund müssten also eher die amerikanische Federal Communications Commission (FCC) oder das US-Justizministerium aktiv werden. Letzteres war 1982 für die Zerschlagung von AT&T verantwortlich – was nach Ansicht von Experten den Aufschwung der Westküste als Techstandort und somit Firmen wie Google oder Facebook überhaupt erst möglich machte.

WAS WÄRE, WENN ...

es keine Privatsphäre mehr gäbe?

Die gängigen Szenarien entwerfen eine Welt ohne Privatsphäre meist als eine Diktatur ohne jede Freiheit. Bücher wie »1984« oder »Schöne neue Welt« setzen den Verlust von Privatsphäre stets mit einem dystopischen Verlust der Individualität gleich. In einer digitalisierten Welt scheint die Frage nach Privatsphäre einerseits so relevant wie nie und gleichzeitig schon obsolet, schließlich wurden noch nie so viele Daten über das Leben von Menschen erhoben, wie heutzutage. »Sie haben null Privatsphäre, finden Sie sich damit ab«, sagte bereits 1999 der damalige Chef des Computer und Softwareherstellers Sun Microsystems zu einer Gruppe von Journalisten und Analysten. Doch was wäre, wenn aus der Datensammelwut permanente Überwachung weltweit würde? Wenn es für niemanden mehr Privatsphäre gäbe?

Kunstprojekt eines Dotcom-Millionärs

Als die Polizei am Neujahrsmorgen des Jahres 2000 einen Bunker unter dem New Yorker Broadway stürmte, fand das Einsatzkommando dort rund 100 Menschen, viele von ihnen unter Drogeneinfluss. Sie lebten seit 30 Tagen dort unten, feierten, hatten Sex und stritten. Dazu stießen die Polizisten auf Hunderte von Überwachungskameras und Monitore, mit denen jeder den anderen beobachten konnte. Jeder Schlafplatz wurde von einer Kamera gefilmt, die Duschen hatten transparente Wände und es gab einen Schießstand mit zahlreichen Waffen. Nicht ganz die »Millenniums-Selbstmord-Sekte«, wie sie die Polizei ursprünglich befürchtet hatte. Aber nahe genug dran, um den Bunker zu räumen.

Organisiert hatte die Mischung aus Kunstperformance und Experiment der Startup-Gründer Josh Harris, der mit der Videoplattform pseudo.com im Dotcom-Boom der Neunziger reich geworden war. Rund zwei Millionen Dollar hatte Harris in das Projekt mit dem Namen »Quiet: We Live in Public« gesteckt. Hatte den Bunker angemietet und so verkabeln lassen, dass jeder der freiwilligen Bewohner alle anderen permanent beobachten konnte. »Die Annahme, dass uns irgendwann ein staatlicher Big Brother überwacht, ist vollkommen falsch«, erklärt Harris den Hintergrund seines Experiments später in einem Interview. »Wir selbst wollen überwacht werden, wollen uns zeigen – wir sehnen uns danach, so interessant zu sein, dass andere uns zusehen wollen.« Die Stockbetten im Überwachungsbunker waren sofort ausgebucht, als Harris das Konzept bekanntgab. Kost und Logis, der Schießstand und alles andere war kostenlos. Doch Josh Harris warnte: »Der Tisch ist immer gedeckt und es ist alles umsonst – aber die Bilder, die wir von Euch machen – die gehören uns!« Ungefähr zur gleichen Zeit, als Harris seine 100 Freiwilligen versammelte, erfand in den Niederlanden der Fernsehproduzent John de Mol Jr. die Reality-Show »Big Brother«. Der Boom an Reality-Formaten, in denen wir Menschen dabei zusehen, wie sie ihre Privatsphäre zumindest für eine Zeit aufgeben, ist seither ungebrochen.

Das Recht, in Ruhe gelassen zu werden

Alan Westin, Juraprofessor und Herausgeber der Fachzeitschrift »Privacy & American Business«, definierte Privatsphäre einmal als den »Anspruch von Einzelpersonen, Gruppen oder Institutionen, selbst zu bestimmen, wann, wie und in welchem Umfang Informationen über sie an andere weitergegeben werden«. Etwas griffiger formulierten es die beiden amerikanischen Bundesrichter, Samuel D. Warren und Louis D. Brandeis.Sie beschrieben Privatsphäre 1890 in einem Aufsatz als »das Recht in Ruhe gelassen zu werden«.

Was konkret zur Privatsphäre zählt, hat sich freilich im Lauf der Zeit verändert. Bei der Einführung der Postkarte empfanden es viele als skandalös, dass der Briefträger nun lesen konnte, was ihnen jemand anderes geschrieben hatte. Heute posten Menschen ihre intimsten Gedanken sowie Fotos und Videos aus allen Lebenslagen im Internet und geben ihre Daten – in den meisten Fällen ohne größere Bedenken – an Internetkonzerne und Werbenetzwerke weiter. »Nur sehr wenige Dinge fielen schon immer in die Privatsphäre des Einzelnen«, sagt Cyrus Farivar, US-Digitaljournalist und Autor des Buches »Habeas Data: Privacy vs. The Rise of Surveillance Tech«. »Selbst als die Menschen noch in Höhlen, Zelten oder Hütten wohnten, versuchten sie, wann immer es möglich war, für zwei Dinge ihre Ruhe zu haben: Wenn sie aufs Klo gingen und wenn sie Sex hatten«.

Veränderung durch Städte und Wohlstand

Das Bedürfnis nach Privatsphäre nahm später vor allem zu, als die Menschen anfingen, in größeren Städten zusammenzuleben. Während es in kleinen Dorfgemeinschaften noch normal war, dass jeder sehr viel über den anderen wusste, war dies ab einer gewissen Größe der Gemeinschaft nicht mehr möglich. »Je mehr Menschen am selben Ort lebten, umso mehr entstand ein Bedürfnis nach Privatsphäre und Anonymität«, so Farivar. »Ob man zur Kirche geht oder nicht, wie viel Geld man verdient, mit wem man Zeit verbringt und mit wem man ins Bett steigt – wir wollen selbst entscheiden, mit wem wir diese Informationen teilen und mit wem nicht. Manche teilen bereitwillig mehr davon, andere weniger.« Zunehmender Wohlstand, der es zum Beispiel nicht mehr nötig machte, dass alle Angehörigen eines Haushalts sich einen einzigen beheizbaren Raum teilten, erlaubte weitere Rückzugsmöglichkeiten und somit zunehmende Privatheit.

Was wird erlaubt, was bleibt verboten?

Gäbe es hingegen keinerlei Privatsphäre mehr – zum Beispiel durch permanente Kamerabeobachtung, eingepflanzte Sensoren oder vergleichbare Methoden – hätte das zunächst Auswirkungen auf alle Arten von illegalen Tätigkeiten. Es wäre kaum noch möglich, Verbrechen zu begehen, ohne dafür belangt zu werden. Somit ist es wahrscheinlich, dass Verbrechen stark zurückgehen, wenn nicht gar komplett verschwinden würden (siehe: »Was wäre, wenn … es keine Verbrechen mehr gäbe?«). Andererseits wäre es denkbar, dass manche Dinge, die bislang illegal sind, legalisiert werden. Zum Beispiel, wenn sich durch die wegfallende Privatsphäre zeigt, wie verbreitet sie sind und gleichzeitig klar ist, dass niemand dabei zu Schaden kommt. Vergleichbares ließ und lässt sich bei der Legalisierung von Homosexualität oder dem Konsum von Marihuana in immer mehr Ländern jetzt schon beobachten. »In den USA, wo ich lebe, war es lange Zeit nahezu unmöglich, sich Alkohol nach Hause liefern zu lassen«, so Farivar. »Doch durch die Corona-Beschränkungen wurden die diesbezüglichen Regeln und Gesetze sehr schnell gelockert und die Frage kam auf, warum wir diese überhaupt so lange hatten. Regeln können sich ändern.« Ähnliches gilt für Aktivitäten, die legal sind, aber gesellschaftlich geächtet. Ein Teil davon würde wahrscheinlich verschwinden, wenn er nicht mehr heimlich ausgeübt werden kann. Ein anderer Teil davon könnte gesellschaftliche Akzeptanz erfahren. Theoretisch wäre es sogar denkbar, dass sich die Menschheit in unterschiedliche Gruppierungen zusammenfindet, die verschiedene Dinge erlaubt oder ächtet. Menschen könnten sich dann der Gruppe anschließen, deren Toleranzgrenzen den eigenen am ehesten entsprechen.

Eine Welt mit perfekter Information

»Man denkt bei einer Welt ohne Privatsphäre automatisch an erzwungene Konformität und Unterdrückung durch Gedankenkontrolle«, sagt Cyrus Farivar. »Es wäre aber auch eine Welt mit perfekter Information – und das könnte bedeuten, dass wir als Gesellschaft Menschen, die Hilfe brauchen, besser zur Seite stehen könnten.« Ob medizinisch, in der Schule oder mit Geld – »in einer Welt ohne Privatsphäre könnten wir bei Problemen aller Art nicht länger wegsehen«, so Farivar. »Das kann auch eine große Chance bedeuten.«

Ein großes Problem in einer Welt ohne Privatsphäre wäre zweifellos der Identitätsdiebstahl. Von der PIN über das Passwort bis zur Sicherheitsabfrage nach dem »Geburtsnamen der Mutter« oder den letzten vier Stellen der Kreditkartennummer wären die meisten heutigen Systeme nutzlos. Denn sie identifizieren ein Individuum aufgrund von einer bislang geheim gehaltenen Information, über die nur das zu identifizierende Individuum verfügt. Sobald diese Möglichkeit der Geheimhaltung nicht mehr existiert, müssten vom Bankkonto bis zum Zugriff auf E-Mails zahlreiche Dinge anders abgesichert werden. Denkbar wäre zum Beispiel eine Legitimierung über körperliche Merkmale wie Retinascans oder Fingerabdrücke.

Neue Regeln und Gesetze nötig

Damit der Wegfall von Privatsphäre nicht automatisch zu totaler Kontrolle führt, wären neue Regeln und Gesetze nötig. So wie es heute verboten ist, Menschen auszuspionieren, müsste es in einer Welt ohne Privatsphäre verboten sein, das frei verfügbare Wissen über einen Menschen zu dessen Nachteil zu benutzen, sei es durch Erpressung, Diskriminierung oder auf anderem Weg. Andernfalls könnten Folgen drohen, wie sie teilweise schon heute von Chinas

Social-Scoring-System berichtet werden: Demnach werden Bürger dort für ihr Wohlverhalten belohnt und bei Fehlverhalten sanktioniert, zum Beispiel durch Reiseverbote.

Josh Harris der Organisator des New Yorker »We Live in Public«-Experiments war von der Idee des öffentlichen Lebens so begeistert, dass er nach der Beendigung durch die Polizei privat weitermachte: Er mietete ein 370-qm-Luxusloft für sich und seine Freundin und ließ dieses bis in den hintersten Winkel mit insgesamt 32 beweglichen Kameras ausstatten. Während die Bunkerbewohner sich nur gegenseitig beobachten konnten, streamte Harris die Kamerabilder diesmal ins Internet. »Anfangs fühlten wir uns wie Stars«, erinnert sich der Unternehmer und Aktionskünstler später. »Die Zuschauer bestellten die Aufzeichnungen einzelner Szenen unseres Lebens nach und sammelten diese, damals noch auf Videokassette.« Doch die Freude hielt nicht lange. Die Dotcomblase platzte, Harris Vermögen schrumpfte rasend schnell und die gehässigen Zuschauer stifteten seine Freundin per Chat an, ihn nachts auf die Wohnzimmercouch zu verbannen. »Dazu das permanente Surren der Kameras, die sich auch nachts auf einen richteten, sobald man das kleinste Geräusch von sich gab – es war die Hölle«, so Harris. Auch die anfangs hohen Zuschauerzahlen sanken nach einer Weile rapide. Nach 81 Tagen sahen nach Harris' Angaben nur noch rund ein Dutzend Hartgesottener zu als seine Freundin aus der Wohnung auszog und Harris einen Nervenzusammenbruch erlitt – und das Experiment vom Leben ohne Privatsphäre beendete.

WAS WÄRE, WENN ...

alle Grenzen offen wären?

Seit September 2015 dominiert die Flüchtlingsdebatte die deutsche Politik. Kaum eine Wahlkampfrede, kaum eine Talkshow, die nicht irgendwann bei den immer gleichen Fragen landet: Wie viele sollen kommen dürfen? Wie viele Zuwanderer verkraftet die Gesellschaft? Wann muss Schluss sein? Wie sichert die Europäische Union ihre Außengrenzen? Wenn so lange in eine Richtung gedacht wurde, sollte man die Frage vielleicht einmal umdrehen: Was wäre, wenn alle Menschen kommen könnten, die wollen? Wenn alle Grenzen offen wären?

Mehr Produktivität und zirkuläre Mirgration

Die erstaunlichste Folge wäre ein deutlich höherer Wohlstand für alle. Wirtschaftsforscher ermittelten in vier unterschiedlichen Studien, dass sich das weltweite Bruttoinlandsprodukt um einen Wert zwischen 67 und 147 Prozent erhöhen würde. Der Grund: Eine Arbeitskraft, die von einem armen Land in ein wohlhabendes zieht, entfaltet – unter anderem durch einen effizienteren Arbeitsmarkt sowie bessere Arbeitsbedingungen und Hilfsmittel – eine erheblich höhere Produktivität.

»Das führt sowohl in den Sender- als auch den Empfängerländern zu mehr Wohlstand«, sagt Klaus F. Zimmermann, emeritierter Professor für Wirtschaftliche Staatswissenschaften an der Universität Bonn. »Denn nicht nur transferieren Migranten Geld und Wissen in ihre alte Heimat – sehr viele kehren nach einer Weile auch wieder dorthin zurück.«

Je offener die Grenzen, desto häufiger sieht man diese »zirkuläre Migration«. Als die Grenze zwischen den USA und Mexiko in den Sechzigerjahren noch weniger streng geschützt wurde, kamen zwar 70 Millionen Mexikaner in die USA – 85 Prozent von ihnen kehrten aber wieder nach Mexiko zurück. Je schwieriger die Einreise, umso größer der Anreiz zu bleiben, wenn man es erst einmal geschafft hat.

Kaum jemand spricht Griechisch

Generell wird überschätzt, wie viele Menschen sich tatsächlich auf den Weg machen würden: Als die USA 1986 ihre Grenzen zu den Föderierten Staaten von Mikronesien öffneten, sagten viele Beobachter einen Massenexodus aus dem verarmten Inselstaat voraus. In den 14 Jahren bis zur Jahrtausendwende siedelten jedoch gerade mal sechs Prozent in die USA über, bis heute haben zwei Drittel der Mikronesier nicht von der Möglichkeit Gebrauch gemacht, ohne Visum in die USA zu reisen – obwohl das Durchschnittseinkommen dort 20-mal so hoch ist. Innerhalb der EU kann man Ähnliches beobachten: »Das Wetter in Frankfurt ist furchtbar, und kaum jemand spricht Griechisch« – so lakonisch erklärt der *Economist* die Tatsache, dass zwischen 2010 und 2017 trotz der schlechten wirtschaftlichen Lage nur 150 000 von elf Millionen Griechen nach Deutschland kamen.

Das Marktforschungsinstitut Gallup fragt regelmäßig weltweit, ob und wohin die Menschen auswandern würden, wenn sie könnten. Aktuell gaben dabei 14 Prozent an, gern dauerhaft in einem anderen Land leben zu wollen. Das entspricht ungefähr 710 Millionen Migrationswilligen, der Anteil war mit 17 Prozent vor rund 10 Jahren schon einmal höher. Sierra Leone (62 Prozent), Haiti und Albanien (jeweils 56 Prozent) sind die Länder, aus denen die meisten Befragten wegwollen. Rund ein Fünftel der Migrationswilligen möchte in die USA. Deutschland (6 Prozent) und Kanada (5 Prozent) folgen mit großem Abstand. Wie viele Menschen diese Absicht tatsächlich umsetzen würden, lässt sich schwer sagen. 97 Prozent der Weltbevölkerung leben in dem Land, in dem sie geboren wurden – eine Zahl, die seit mehr als 100 Jahren konstant ist.

Der Arbeitsmarkt ist keine Fußballmannschaft

Wie wirken sich offene Grenzen auf den Arbeitsmarkt aus? Der Ökonom Michael A. Clemens, der in Washington D. C. am Center for Global Development die Abteilung für Migration und Entwicklung leitet, hat errechnet, dass beispielsweise in der US-Landwirtschaft im Durchschnitt drei Saisonarbeitskräfte aus Mexiko einen amerikanischen Arbeitsplatz schaffen – sei es direkt als Vorarbeiter oder indirekt durch ihren eigenen Konsum. »Der Arbeitsmarkt ist nichts Statisches, keine Fußballmannschaft mit nur elf Positionen«, sagt auch Klaus F. Zimmermann. »Viele Zuwanderer schaffen sich ihre eigenen Stellen oder bringen durch Unternehmensgründungen sogar Jobs für andere hervor.«

Auch die Angst vor sinkenden Löhnen ist unbegründet: Selbst die migrationskritische US-Denkfabrik Center for Immigration Studies fand keinen Beleg dafür, dass eine zunehmende Zahl von Migranten das Lohnniveau beeinflusst. Andere Studien kommen sogar zu dem Ergebnis, dass Einwanderer – im Gegensatz zum Outsourcing von Arbeit ins Ausland – die Löhne leicht positiv beeinflussen. »Wenn auf einen Schlag sehr viele Menschen in eine bestimmte Region einwandern, kann die Gruppe, die sich in direkter Arbeitsmarktkonkurrenz befindet, zeitweilig unter Druck geraten«, sagt Zimmermann. »Aber häufig steigen die Einheimischen dann die Leiter nach oben und nehmen besser qualifizierte und besser bezahlte Jobs an.«

Je schwieriger der Weg, desto weniger Frauen

Was offene Grenzen für die öffentliche Sicherheit bedeuten, ist schwierig vorherzusagen: In den USA begehen Migranten weniger Verbrechen und landen fünfmal seltener im Gefängnis als US-Amerikaner. Selbst als die Zahl der Einwanderer ohne Papiere sich zwischen den Jahren 1990 und 2013 auf mehr als elf Millionen verdreifachte, sank die Kriminalität. In Deutschland hat die Kriminalstatistik gezeigt, dass gegen noch nicht anerkannte Flüchtlinge häufiger Strafanzeige erstattet wird als gegen die Durchschnittsbevölkerung. Allerdings werden junge Männer generell häufiger straffällig als der Rest der Bevölkerung – und je schwieriger die Einreise, umso höher der Anteil junger Männer an den Migranten. Bei offenen Grenzen würden sich mehr Frauen, denen Gutachten eine »gewaltpräventive, zivilisierende Wirkung« zuschreiben, auf den Weg machen.

Am Ende könnten offene Grenzen aber sogar ein Rezept gegen die globale Überbevölkerung sein: Statistiken zeigen, dass sich die Geburtenrate von Einwanderern sehr schnell auf das Niveau ihres neuen Heimatlandes einpendelt. Bekamen die türkischstämmigen Bewohner Duisburgs in den Achtzigerjahren noch mehr Kinder als die alteingesessene Durchschnittsfamilie, so ist die Geburtenrate zur Jahrtausendwende stark abgefallen und liegt inzwischen sogar unter der deutschen.

WAS WÄRE, WENN ...

Nord- und Südkorea wieder ein Land wären?

Als sich am 27. April 2018 Südkoreas Präsident Moon Jae In und Nordkoreas Staatschef Kim Jong Un an der Grenze trafen, sich die Hände reichten und jeweils das Land des anderen betraten, war dies nur ein kleiner Schritt über eine gemauerte Schwelle – aber ein großer für den Annäherungsprozess beider Länder. Denn offiziell befinden sie sich nach wie vor im Krieg: Der 1950 begonnene Koreakrieg endete 1953 zwar mit einem Waffenstillstand, ein Friedensvertrag wurde jedoch nie geschlossen.

Doch was wäre, wenn die Annäherungen noch deutlich weitergingen? Wenn es zu einer Wiedervereinigung der Demokratischen Volksrepublik Korea mit der Republik Korea käme?

Gigantische Unterschiede

In Südkorea leben an die 50 Millionen Menschen, fast doppelt so viele wie im etwas größeren Nordkorea. Gigantisch ist aber vor allem der ökonomische Unterschied zwischen den beiden Ländern: Der Norden kommt nicht mal auf ein Hundertstel des Bruttoinlandsproduktes des hoch entwickelten Südens, der mittlerweile zwölftgrößten Volkswirt-schaft der Welt.

Dort gibt es knapp 93 000 asphaltierte Straßenkilometer, im Norden lediglich 724. Das Bruttonationaleinkommen in Südkorea beträgt knapp 33 000 Euro pro Einwohner, in Nordkorea rund 1600 Euro. 73 Prozent der Südkoreaner be-sitzen ein Smartphone, von den Nordkoreanern haben nur 19 Prozent einen Computer, und selbst in der Hauptstadt Pjöngjang können gerade mal fünf Prozent der Bewohner im eingeschränkt nutzbaren Internet surfen. Fünfjährige Jun-gen sind in Südkorea mit 113 Zentimetern durchschnittlich 9 Zentimeter größer als die im Norden; mit einer Lebens-erwartung von 83 Jahren werden Südkoreaner 12 Jahre älter als ihre Nachbarn.

Eine Wiedervereinigung zweier Länder auf einem derart unterschiedlichen Entwicklungsstand müsste nach Aus-kunft des Korea-Experten Bernt Berger mit einer wirtschaft-lichen Kooperation beginnen. »Ich gehe davon aus, dass man zuerst Investitionskorridore entlang der Küsten schaffen würde«, sagt er, »bis hinauf zu den Sonderwirtschaftszonen, die Nordkorea bereits mit China aufgebaut hat.« Berger ist bei der Deutschen Gesellschaft für Auswärtige Politik Spe-zialist für die koreanische Halbinsel.

Eine politische Vereinigung sei aber deutlich schwieriger: »Das sozialistische System im Norden hat sich seit mehr als 60 Jahren abgeschottet und ist beinahe eine Klan-Gesell-schaft mit verschiedenen Familien, die das System beherr-schen«, so Berger. »Eine politische Einheit müsste mit die-sen Familieninteressen abgeglichen werden – keine einfache Aufgabe.«

Bodenschätze für die hohen Kosten

Die Kosten für eine Wiedervereinigung werden sehr unterschiedlich geschätzt: von mehreren Milliarden bis zu einer Billion Dollar. Der australische Nordkorea-Experte Leonid Petrov geht sogar von drei Billionen aus. Finanzieren ließe sich dies theoretisch durch die immensen Bodenschätze in den Bergen Nordkoreas. Neben Gold und Silber sind dort große Mengen sogenannter Seltener Erden zu finden, die für die Herstellung von Smartphones und anderen technischen Geräten benötigt werden. Der Wert dieser Bodenschätze wird auf sechs bis zehn Billionen US-Dollar geschätzt.

Fachleute, beispielsweise von der Universität von Hawaii, sind der Ansicht, dass der Norden bei einer Wiedervereinigung zum günstigen Produktionsstandort für die südkoreanische Hightech-Industrie werden könnte. Die lässt ihre Samsung-Smartphones und LG-Fernseher derzeit vor allem in China fertigen. Ein weiterer Standortvorteil: Nordkoreas Bevölkerung ist mit 34 Jahren im Durchschnitt sieben Jahre jünger als die südkoreanische.

Ein neuer Superstaat?

Diese Kombination aus jungen Arbeitskräften und Bodenschätzen im Norden und Kapital, Know-how und Infrastruktur im Süden könnte dank der strategisch günstigen Lage eine mächtige Nation entstehen lassen. Eine Studie von Goldman Sachs prophezeite 2009, dass ein vereintes Korea trotz aller Kosten und Widrigkeiten nach 30 bis 40 Jahren sämtliche G7-Staaten mit Ausnahme der USA wirtschaftlich übertreffen würde.

Auch ein vereintes Militär träfe – selbst im Falle einer nuklearen Abrüstung des Nordens – weltweit auf wenig gleich Starke: Gemeinsam kämen die Länder auf mehr als 1,8 Millionen Soldaten und ein Vielfaches an Reservisten, knapp 6000 Panzer, 32 000 Artillerieeinheiten, 95 U-Boote und mehr als 1100 Kampfflugzeuge.

Mindestens genauso schwierig zu überbrücken wie die wirtschaftlichen wären die kulturellen Unterschiede. »Die beiden Länder haben zwar dieselbe Sprache, ähnliches Essen und dieselbe Abneigung gegen Japaner – aber ihre Lebenswelten liegen meilenweit auseinander«, sagt Berger. »Das merkt man beispielsweise daran, dass viele Überläufer es nicht schaffen, in Südkorea Fuß zu fassen, und in den Norden zurückkehren wollen.«

In Südkorea lässt die Sehnsucht nach einem vereinten Korea nach. In den Neunzigerjahren waren mehr als 80 Prozent der Einwohner dafür, 2011 nur noch 56 Prozent. 72 Prozent der jungen Südkoreaner zwischen 20 und 29 Jahren finden sie laut einer Studie von Dezember 2017 sogar unnötig.

Falls die Einheit doch kommt, stellt sich auch die Frage, was aus der demilitarisierten Zone wird, die die Länder seit 1953 trennt. Das Betreten des 248 Kilometer langen und vier Kilometer breiten Gebiets ist (bis auf sehr wenige Ausnahmen) verboten, weshalb sich dort eine nahezu unberührte Waldlandschaft entwickeln konnte, in der bedrohte Tierarten leben. Es gibt viele Ideen, was im Falle einer Wiedervereinigung in der Zone entstehen könnte: von einem Nationalpark über eine Touristenattraktion mit Begegnungszentrum bis hin zu einem Naturobservatorium.

WAS WÄRE, WENN ...

auf deutschen Autobahnen ein generelles Tempolimit von 120 km/h gälte?

Die Fahrbahn ist ein graues Band / Weiße Streifen, grüner Rand.« So besingt die Band Kraftwerk die Autobahn – neben dem Oktoberfest und dem FC Bayern München vielleicht die im Ausland bekannteste und große Begeisterung auslösende deutsche Institution. Deutschland ist die einzige westliche Industrienation ohne ein generelles Tempolimit, weltweit gibt es rund ein Dutzend Länder, in denen man so schnell Auto fahren darf, wie man will und kann. Was wäre, wenn auch Deutschland das Tempo drosselte? Wenn man auf allen Autobahnen maximal 120 Stundenkilometer fahren dürfte?

Knappe Mehrheit dafür

Schnell kommt der Einwand, dass heute schon durch temporäre und dauerhafte Tempolimits fast nirgends mehr »freie Fahrt für freie Bürger« gilt. Doch das stimmt nicht. Eine Auswertung der Bundesanstalt für Straßenwesen (Bast) von 2015 ergab, dass auf 70,4 Prozent der insgesamt

25767 Autobahnkilometer keinerlei Tempolimit gilt (rechnet man Baustellen mit ein, sind es rund 60 Prozent).

Für eine generelle Geschwindigkeitsbegrenzung sprach sich im Jahr 2017 in einer repräsentativen Umfrage des Deutschen Verkehrssicherheitsrats (DVR) eine knappe Mehrheit von 52 Prozent aus, 47 Prozent waren dagegen. Bei den Frauen sind zwei Drittel für ein Tempolimit, in der Gruppe der 18- bis 34-Jährigen sind 61 Prozent dagegen.

Gegner führen an, dass nur 13 Prozent der Verkehrstoten auf Autobahnen ums Leben kommen, auf Landstraßen gibt es mit 56 Prozent viel mehr Todesopfer. Wulf Hoffmann lässt diese Rechnung nicht gelten: »Wenn Sie sich die Todesfälle pro gefahrenem Kilometer anschauen, liegt die Autobahn doch wieder vorn«, sagt der ehemalige Polizist, der im Vorstandsausschuss Verkehrstechnik des DVR sitzt.

Weniger Tote und Schwerverletzte

Im Jahr 2017 wurden 33692 Menschen durch Unfälle auf Autobahnen verletzt, davon 5974 schwer, 409 Menschen starben. Lässt sich die Zahl durch ein Tempolimit senken? »In Deutschland sterben knapp 13 Prozent der Verkehrstoten auf der Autobahn, in Europa – wo es sonst überall Tempolimits gibt – nur 8 Prozent«, sagt Hoffmann. Eine Untersuchung des DVR zeigte außerdem, dass es auf den Abschnitten ohne Tempobegrenzung durchschnittlich 28 Prozent mehr Verkehrstote gab als auf regulierten. Und als in den Achtzigerjahren in Hessen versuchsweise Tempo 100 auf einigen Autobahnen eingeführt wurde, halbierte sich die Zahl der Toten und Schwerverletzten.

Eine Begrenzung der Höchstgeschwindigkeit verbessert laut Hoffmann zudem den Verkehrsfluss. »Ganz verschwinden werden Staus nie«, sagt er, »aber zumindest wird die Zahl derer, die nicht auf Baustellen, Unfällen oder Ähnlichem basieren, erheblich geringer.« Grund sei die Abnahme der Differenzgeschwindigkeiten, also dem Unterschied zwischen einem Lkw mit Tempo 80 und einem Porsche mit Tempo 240. »Bei starkem Verkehr genügt eine Vollbremsung, diese wird gewissermaßen nach hinten durchgereicht – und es entsteht ein Stau, obwohl es keinerlei Hindernis gibt.«

Laut einer Berechnung des Centre for Economics and Business Research entstanden 2013 jedem deutschen Autopendlerhaushalt durch Staus im Durchschnitt 1152 Euro an zusätzlichen direkten (Spritverbrauch, Zeitverlust) und 434 Euro an indirekten Kosten (Lkw und Geschäftsreisende im Stau, deren Kosten an die Verbraucher weitergegeben werden) – insgesamt 1658 Euro pro Haushalt und Jahr. Bis 2030 soll diese Zahl um 34 Prozent auf 2122 Euro steigen.

Der Verband Unfallforschung der Versicherer (UDV) geht davon aus, dass geringere Differenzgeschwindigkeiten dazu führten, dass weniger Unfälle passieren und dass diese weniger schwer verlaufen. Die beste Ausnutzung einer Autobahnspur wird laut Verkehrsclub Deutschland mit 2600 Fahrzeugen pro Stunde übrigens bei Tempo 85 erzielt.

Nicht die einzige Stellschraube

Die Umweltfolgen eines generellen Tempolimits sind umstritten. Rund drei Millionen Tonnen CO_2 würde ein bundesweites Tempo 120 pro Jahr einsparen, sagt das Umweltbundesamt. Das sind knapp zwei Prozent der rund 160 Millionen Tonnen, die der Straßenverkehr insgesamt verursacht. Viele Experten sehen deutlich größere Einsparpotenziale in verbesserter Fahrzeugtechnik und Abgasfiltern. Auch die Lärmbelastung dürfte weniger sinken als erhofft: Das Umweltbundesamt geht bei Tempo 120 an Werktagen von einem halben Dezibel weniger aus, am Sonntag würde der Lärm um ein Dezibel sinken. Zum Vergleich: Der sogenannte Flüsterasphalt reduziert die Lautstärke um etwa drei Dezibel.

Die größten Krachmacher sind gar nicht die Raser, sondern Schwerlaster – die ohnehin nicht schneller als Tempo 80 fahren dürfen. Ein 30-monatiger Großversuch an der A45 bei Dortmund, bei dem die Maximalgeschwindigkeit sogar auf nur 100 km/h festgelegt wurde, änderte die Schallemissionen kaum.

Ein zusätzliches Problem: Liefert die Verkehrslage keinen Anlass für ein Tempolimit, halten sich viele Autofahrer auch nicht daran.

Es gibt den Verdacht, dass die Automobilhersteller mit ihrer Lobbyarbeit die sinnvolle Einführung eines Tempolimits verhindern. Das Bild vom ungehemmten Geschwindigkeitsrausch in der Heimat mag zum kraftvollen Image der deutschen Automarken beitragen. Gleichzeitig werden auch in Ländern, in denen nirgendwo schneller als 120 oder 130 gefahren werden darf, Sportwagen und schnelle Limousinen verkauft. Ein Tempolimit in Deutschland würde also nicht automatisch zu einem Zusammenbruch des Premiummarktes führen. Vielmehr scheint eine starke Motorleistung selbst dann als Kaufargument zu ziehen, wenn man gar nicht die Möglichkeit hat, sie auf der Straße auszukosten.

WAS WÄRE, WENN ...

die Menschheit nicht mehr existierte?

Die Freiheitsstatue ist im Sand versunken, Efeu und Lianen haben New Yorks Brücken eingehüllt, Giraffen grasen zwischen eingestürzten Wolkenkratzern – so sehen Endzeitszenarien in Katastrophen- und Science-Fiction-Filmen aus. Sie beruhen auf einer realistischen Annahme: Gibt es keine Menschen mehr, holt sich die Natur den Planeten Stück für Stück zurück. Aber was würde passieren, wenn die Menschheit eines Tages tatsächlich nicht mehr existierte? Wie würde sich der Planet verändern? Wann wären unsere Spuren getilgt?

Nur eine Frage der Zeit

»Es ist nicht wirklich eine Frage, ob die Menschheit irgendwann ausstirbt, sondern eher eine Frage, wann«, sagt Luc Bussiere, Biologe und Umweltwissenschaftler an der schottischen Universität Stirling. »99,9 Prozent aller Arten, die bislang auf der Erde gelebt haben, gab es irgendwann nicht mehr. Und es ist extrem unwahrscheinlich, dass der Mensch eine Ausnahme darstellt, auch wenn wir das gerne glauben wollen, weil wir uns für etwas Besonderes halten.«

Viele mögliche Folgen hängen davon ab, was – wenn es einmal so weit sein wird – der Grund für das Verschwinden der Menschheit ist. Dennoch lassen sich einige Aussagen treffen, wie die Erde sich ohne unsere Zivilisation entwickeln wird. »An dem Tag, an dem die Menschheit verschwindet, beginnt die Natur augenblicklich mit dem Hausputz«, schreibt der Wissenschaftsautor Alan Weisman in seinem Buch »Die Welt ohne uns«. »Sie putzt unsere Häuser vom Antlitz der Erde. Alle werden sie verschwinden.« Weisman hat mit Dutzenden von Experten gesprochen und zahlreiche Orte bereist, an denen der Mensch war und sich wieder zurückgezogen hat. Gewöhnliche Holzhäuser halten seinen Recherchen zufolge »50, bestenfalls 100 Jahre«.

Und künftig ließe nicht nur der Frost-Tau-Wechsel Asphalt und Beton aufplatzen. In wärmeren Gefilden würden das vor allem die Samen von Blumen und Bäumen übernehmen. Sie dringen durch Risse ein, keimen, und das von Zelle zu Zelle nach oben transportierte Wasser kann in den Spitzen der Sprösslinge einen Druck erzeugen, der so hoch ist, dass die Pflanzen Asphalt aufbrechen können.

Vollgelaufene U-Bahn-Schächte, überhitzte Atomkraftwerke

Andere Veränderungen wären nur eine Frage von Stunden oder Tagen: So müssen beispielsweise 50 Millionen Liter Grundwasser jeden Tag daran gehindert werden, in die New Yorker U-Bahnschächte zu fließen, bei Regen noch mehr. Ohne Menschen, die das Pumpsystem überwachen, würde das U-Bahn-Netz in 36 Stunden volllaufen. Die meisten

Atomkraftwerke würden ohne menschliche Aufsicht und Wartung binnen einer Woche überhitzen, wodurch enorme Mengen Radioaktivität in die Luft und in nahe Gewässer gelangten. Bereits nach rund einem Jahr würden jedoch wieder Tiere an die Orte zurückkehren, an denen Reaktoren abgebrannt oder geschmolzen sind.

Ohne Strom könnten Elektrozäune die meisten Nutztiere nicht zurückhalten, sie wären frei. Ein Großteil dürfte jedoch wie zahlreiche Haustiere ohne Fütterung durch Menschen verhungern. »An Orten, an denen es keine großen Fressfeinde gibt, könnten viele dieser Tiere jedoch auch überleben«, sagt Bussiere. »Schafen in England oder Pferden im australischen Outback würde es sehr gut gehen.«

Auch die Zahl an Vögeln nähme zu. Schätzungen gehen davon aus, dass allein in den USA bis zu 80 Millionen Vögel jährlich durch den Aufprall auf Kühlergrills und Windschutzscheiben ums Leben kommen. Innerhalb eines Jahres sollen dort etwa eine Milliarde von ihnen durch Pestizide sterben sowie durch Kollision mit Fensterscheiben, Stromleitungen und Sendemasten – die zwar nicht sofort, aber doch nach und nach verschwänden.

Die Elefantenpopulation würde sich ohne Elfenbeinhandel und Wilderer binnen 100 Jahren verzwanzigfachen.

Schlechte Zeiten für Stubenfliegen und Kopfläuse

»Sogenannte anthropophile Tiere, die sich stark an den Menschen angepasst haben oder von ihm leben, dürften es hingegen sehr schwer haben«, sagt Bussiere. »Die Zahl von Ratten, Stubenfliegen oder Kopfläusen wird sich beispielsweise radikal reduzieren.« Und welche Arten könnten eine menschenlose Erde dominieren? »Zahlenmäßig dieselben wie jetzt: Bakterien und mikroskopisch kleine Fadenwürmer«, sagt Bussiere. »Bei den größeren würde ich weder auf die Affen noch auf die Ameisen setzen, die bei Science-Fiction-Autoren so hoch im Kurs stehen. Viel wahrscheinlicher ist, dass die Evolution komplett neue Arten entstehen lässt, um das Vakuum zu füllen, das der Mensch hinterlässt.«

Auch die großen Bauwunder der Menschheit verschwänden, wenn auch sehr langsam: Der Kalkstein der Cheopspyramide würde nach und nach abgetragen; in einer Million Jahren dürfte nichts mehr von ihr übrig sein, vermutet Weisman. Deutlich länger könnte es den Eurotunnel geben: Durch eine tief in der Erde liegende Schicht aus robustem Mergelgestein geschützt, hat er gute Aussichten, einige Jahrmillionen zu überstehen – bis die Kontinentaldrift ihn auseinanderreißt oder zusammenstaucht.

Sehr unterschiedlich ist die Lebensdauer von Atomwaffen: Die Hülle von Interkontinentalraketen würde laut Weisman rund 5000 Jahre brauchen, um durchzurosten. Das in vielen Sprengköpfen enthaltene waffenfähige Plutonium-239 mit einer Halbwertszeit von 24 110 Jahren würde sich nach rund 250 000 Jahren der natürlichen Hintergrundstrahlung der Erde angleichen. Das Isotop Uran-235, das ebenfalls in Atomwaffen und Kernreaktoren eingesetzt wird, hat hingegen eine Halbwertszeit von 703,8 Millionen Jahren.

Noch länger überdauern Radio- und Fernsehwellen. Vor dem Ende der Menschheit ausgestrahlt, würden sie auch danach weiter ins All hinauswandern – immer fragmentierter, aber ohne je völlig zu verschwinden.

WAS WÄRE, WENN ...

die Europäische Union sich auflöste?

Die Europäische Union (EU) wurde bereits mehrfach totgesagt. Zu Zeiten der sogenannten Eurosklerose in den Siebziger- bis Achtzigerjahren etwa oder beim dänischen Referendum 1992, der Ablehnung des Maastrichter Vertrags. Ebenso auf dem Höhepunkt der Griechenlandkrise, nach dem Brexit-Votum sowie im aktuellen Streit um die Flüchtlingspolitik. Bislang erwies sich die EU als robuster, als ihre Kritiker gedacht hätten. Doch was wäre, wenn sie sich tatsächlich auflösen würde?

Zwei Wege zum Ende

Theoretisch wäre das Ende auf zwei Wegen möglich. Der unwahrscheinlichere: Ähnlich dem Brexit erklärt ein Land nach dem anderen seinen Austritt und verlässt zwei Jahre später die Union. Die zweite Variante: Alle Mitgliedsländer entscheiden gemeinsam, den Vertrag von Lissabon aufzukündigen. »Damit wäre auch der Euro Geschichte«, sagt Matthias Kullas, Fachbereichsleiter Wirtschaft beim Centrum für Europäische Politik (CEP). »Es sei denn, man würde sofort einen neuen Vertrag über eine Währungsunion von ansonsten völlig souveränen Einzelstaaten abschließen. Doch das halte ich für nahezu ausgeschlossen.«

Es wäre nicht das erste Mal, dass eine staatenübergreifende Währung verschwindet: Gleiches geschah beispielsweise zum Ende der österreichisch-ungarischen Doppelmonarchie, der Sowjetunion und der Republik Jugoslawien. Die Folgen waren in allen Fällen katastrophal: Etwa die Hälfte aller Hyperinflationen im 20. Jahrhundert lasse sich auf den Kollaps der Währungen dieser drei Wirtschaftsräume zurückführen, schreibt der Ökonom Anders Åslund, der das Ende der Rubelzone untersucht hat. Es sei einfacher, so sein Fazit, eine Währungsunion zu gründen als sie aufzulösen.

In den Rubel-Ländern sanken die Löhne nach dem Aus der gemeinsamen Währung um rund 50 Prozent, wobei Exportländer wie die Russische Föderation genauso litten wie Importländer wie Lettland oder Estland. Eine Studie der Ing-Bank kam 2010 zu dem Ergebnis, dass eine Auflösung der Eurozone einen Rückgang der Wirtschaftsleistung im gesamten EU-Raum zwischen 5 und 9 Prozent im ersten Jahr und 9 bis 14 Prozent in den ersten drei Jahren zur Folge hätte.

»Eine neue deutsche Währung würde massiv aufwerten, während Nachfolgewährungen in Südeuropa dramatisch abwerten müssten«, sagt der CEP-Experte Kullas. »In beiden Fällen wären große Probleme die Folge: sowohl für die Exportnation Deutschland als auch für Länder wie Griechenland, die mit einer schwachen Währung ihre Rohstoffeinkäufe in Dollar nicht mehr finanzieren könnten.«

Die Studie »The Day After The Euro« der Bank of America kommt zu dem Ergebnis, dass eine wiedereingeführte D-Mark sofort 30 Prozent teurer wäre als die südeuropäischen Nachfolgewährungen des Euro. Um zu vermeiden, dass Waren in Nachbarländern viel teurer oder günstiger würden, wäre die Wiedereinführung von Zöllen die Folge.

Zerstörtes Netzwerk des Handels und der Produktion

Auch aus anderen Gründen würde die Wirtschaft leiden. Die Zulieferernetze und komplexen Wertschöpfungsketten, die sich in Europa seit dem Zweiten Weltkrieg gebildet und zunehmend ausdifferenziert haben, was eine große Spezialisierung einzelner Standorte ermöglichte, gingen verloren. »Es käme zu Produktivitätsverlusten, steigenden Lager- und Transportkosten und sinkendem Wettbewerb«, sagt Kullas. Die Konsequenz daraus wären einerseits Arbeitsplatzverluste, andererseits steigende Preise. »Es käme mit Sicherheit zu einer massiven Rezession.« In manchen Ländern wären sogar Versorgungsengpässe bei Nahrungsmitteln oder Medikamenten möglich, falls bestimmte Handelsabkommen wegfallen oder hohe Zölle erhoben würden.

Alle ehemaligen EU-Partner müssten neue Handelsabkommen untereinander abschließen. Doch damit nicht genug: Jeder Staat müsste auch die Vereinbarungen, welche die EU mit Staaten wie Japan, Kanada und den USA ausgehandelt hat, erneuern. »Die Verhandlungsmacht wäre dabei von Staat zu Staat unterschiedlich«, sagt Matthias Kullas. Deutschland stünde aufgrund seiner Größe sicherlich einigermaßen gut da. »Trotzdem dürfte es unmöglich sein, dieselben Handelsbedin-gungen sowie Umwelt- und Gesundheitsstandards durchzusetzen, die eine geschlossene EU gegenüber Dritten durchsetzen kann.«

Was würde mit der EU-Gesetzgebung passieren? Es könnte sinnvoll sein, wenn die Einzelstaaten zunächst die meisten Verordnungen übernähmen (siehe *»Was wäre, wenn Bayern sich von Deutschland abspaltet?«*) und sie nach und nach auf den Prüfstand stellten.

Keine EU-Beiträge mehr

Und wie erginge es den Menschen, die von der Freizügigkeit innerhalb der EU Gebrauch machen und im Ausland arbeiten? Welche im EU-Ausland erworbenen Abschlüsse würden anerkannt? Was geschähe mit dort erworbenen Rentenansprüchen? Wer bezahlte die Renten der EU-Abgeordneten und Mitarbeiter der aufzulösenden EU-Organe wie dem Europäischen Parlament oder der EU-Kommission? Das sind nur einige der Fragen, die untereinander auszuhandeln wären.

»Für die Grundstücke, Gebäude und den sonstigen Besitz der EU müsste man so etwas wie einen Liquidator bestellen«, sagt Kullas. »Gleichzeitig bräuchte man aber sicherlich auch die Zusage der Mitgliedsstaaten, noch Geld zuzuschießen, wenn die Erlöse nicht ausreichten, um die Verbindlichkeiten zu bedienen.«

Die Bürgschaften für Griechenland würden weiterlaufen, die Beiträge an die EU hingegen wegfallen. Für Deutschland, das im Jahr 2016 mehr als 23 Milliarden Euro zahlte, von denen rund 10 Milliarden ins Land zurückflossen, hätte das eine Ersparnis zur Folge. Verglichen mit dem wirtschaftlichen Schaden, den eine EU-Auflösung bedeuten würde, wäre die jedoch verschwindend gering.

WAS WÄRE, WENN ...

der öffentliche Nahverkehr gratis wäre?

Im Mai 2018 wurde es der EU-Kommission endgültig zu viel: Sie verklagte die Bundesrepublik Deutschland und fünf andere Länder vor dem Europäischen Gerichtshof, weil diese die vereinbarten Grenzwerte für die Luftqualität zu lange und zu oft überschritten hatten. Drei Monate zuvor hatten das Kanzleramt und die Ministerien für Umwelt und Verkehr noch mit einer Vorschlagsliste versucht, die EU-Kommission von einer Klage abzubringen. Einer dieser Vorschläge: kostenloser öffentlicher Nahverkehr.

Aber was wäre, wenn der öffentliche Nahverkehr tatsächlich komplett kostenlos wäre?

Preis oft nicht entscheidend

»Zusammen mit den Ländern und der kommunalen Ebene erwägen wir, den öffentlichen Nahverkehr gratis anzubieten, um die Zahl der Privatfahrzeuge zu reduzieren«, hieß es in dem Schreiben Deutschlands an die EU-Kommission. Die Klage kam trotzdem. Die Bundesregierung kündigte daraufhin an, den öffentlichen Personennahverkehr (ÖPNV) zu fördern und die verkehrsbedingten Emissionen zu senken. Neben anderen Maßnahmen sollen in fünf Städten (Bonn, Essen, Herrenberg, Mannheim und Reutlingen) die Preise für den ÖPNV gesenkt werden. Bonn plant ein Klima-Jahresticket für einen Euro pro Tag, Essen will Prämien zahlen, wenn jemand über einen längeren Zeitraum Monatstickets kauft.

Es macht einen Unterschied, ob eine Großstadt wie Berlin, in der sowieso schon viele Bewohner auf ein Auto verzichten, den Fahrpreis für ihr dichtes und großflächiges Netz abschafft – oder ob eine ländliche Gemeinde den Bus, der zweimal am Tag fährt, kostenlos anbietet. Das Thema ist komplex, und doch lassen sich einige wahrscheinliche Konsequenzen durch verschiedene Studien und Modellversuche vorhersagen.

Die wohl wichtigste Erkenntnis: Der Preis ist für viele Menschen nicht der entscheidende Faktor, wenn es darum geht, sich für oder gegen ein Verkehrsmittel zu entscheiden. »Den ÖPNV gratis anzubieten ist ein nahezu wirkungsloses Instrument, wenn es darum geht, die Menschen zum Umsteigen vom Auto in Bus und Bahn zu bewegen«, sagt Marlon Philipp vom Fachbereich Techniksoziologie der TU Dortmund, der dazu eine Simulationsstudie durchgeführt hat. »Die Menschen wägen nach vielen verschiedenen Kriterien wie Schnelligkeit, Komfort oder Flexibilität ab und gewichten diese individuell unterschiedlich.« Sein Fazit: Gratis-Tickets für den ÖPNV allein bringen niemanden dazu, das Auto stehen zu lassen. Hinzukommen müssten Regeln, die das Autofahren unattraktiver machen. Etwa eine Citymaut, drastische Parkgebühren, Tempolimits. Oder ein besseres Streckennetz und eine höhere Taktung von Bussen und Bahnen, um schneller und flexibler unterwegs zu sein.

Höhere Taktung, bessere Verbindungen

Der niederländische Verkehrsforscher Oded Cats von der Universität Delft ist zu einem ähnlichen Ergebnis gekommen. »Würde man das Geld für den Gratis-ÖPNV stattdessen in einen höheren Takt der öffentlichen Verkehrsmittel investieren, also mehr Züge und Busse in kürzeren Abständen, würden deutlich mehr Menschen auf öffentliche Verkehrsmittel umsteigen«, sagte er Anfang des Jahres in einem Interview mit *Spiegel Online.* »Das Auto bietet für viele Menschen immer noch die höchste Verbindungsqualität. Gleichzeitig sind die gesellschaftlichen Kosten beim Autofahren, also die Emissionen, Staus und der Verbrauch öffentlichen Raums, für den Verursacher quasi unsichtbar.«

In einer Statista-Umfrage vom März 2018 gaben 54 Prozent der Befragten in Deutschland an, im Falle kostenloser Fahrscheine bei innerstädtischen Fahrten auf das eigene Auto zu verzichten. Bessere Verbindungen waren für 41 Prozent eine weitere Voraussetzung dafür, eine kürzere Taktung für 31 und mehr Sitzplätze für 17 Prozent. 18 Prozent wollten gar nicht umsteigen, 12 Prozent nur bei höheren Treibstoff- und Energiepreisen.

Eher soziale Vorteile als Umweltschutz

Bislang sind weltweit viele Modellversuche, einen Gratis-Nahverkehr einzuführen, an der Finanzierung gescheitert. Anders in der estnischen Hauptstadt Tallinn: Dort ist der ÖPNV seit dem Jahr 2013 für Einheimische kostenlos und das Experiment erfolgreich – die Zahl der Fahrgäste ist um 14 Prozent gestiegen. Allerdings sind kaum Autofahrer hinzugekommen, sondern vor allem Menschen, die zuvor zu Fuß gegangen oder Fahrrad gefahren waren und den ÖPNV jetzt noch öfter nutzen als vorher. »An der CO_2-Bilanz ändert es kaum etwas, wenn die Ticketpreise auf null gesenkt werden«, sagt der Dortmunder Techniksoziologe Philipp. »Aber soziale Auswirkungen kann es durchaus haben, da hierdurch Menschen die Nutzung ermöglicht wird, die sich vorher weder Auto noch ÖPNV leisten konnten.«

In Tallinn müssen Auswärtige weiterhin für ihre Tickets bezahlen. Automaten und Fahrscheinkontrollen werden jedoch erst überflüssig, wenn niemand mehr ein Ticket braucht. Automaten und Schaffner machen allerdings auch nur drei bis fünf Prozent der Gesamtkosten aus.

Weniger Personal, weniger Unfälle

Wie würde sich ein kostenloser Nahverkehr auf den Straßenverkehr auswirken? Zahl und Schwere der Unfälle könnten sinken. Denn Fußgänger und Radfahrer, die öfter in den ÖPNV wechseln, sind die ungeschütztesten Verkehrsteilnehmer und am stärksten von Unfällen betroffen.

Die meisten der bisherigen Tests fanden in Kleinstädten in ländlichen Regionen statt. Der niederländische Experte Oded Cats hält das für sinnvoll, weil in diesen Orten wenig mit Fahrscheinen verdient wird, die Subventionen aber hoch sind. Ein Gratis-Nahverkehr könnte dort mit geringen Mehrkosten einen großen gesellschaftlichen Nutzen haben.

In Großstädten dagegen sind die öffentlichen Verkehrsmittel schon oft an die Grenzen ihrer Auslastung gelangt, und es ist fraglich, ob mehr Fahrgäste ohne vorherige Investitionen in zusätzliche Gleise, Busse und Waggons zu bewältigen und wünschenswert wären. Denn wenn der ÖPNV durch ständig überfüllte Busse und Bahnen sowie längere Haltezeiten für seine treuen Kunden unattraktiver wird, erreicht man schlimmstenfalls das Gegenteil: dass die Menschen von Tram und U-Bahn zurück hinters Steuer eines Autos wechseln.

WAS WÄRE, WENN ...

es kein Verbrechen mehr gäbe?

Im Science-Fiction-Comic-Krimi »The Last Days of American Crime« aus dem Jahr 2009 plant eine Gruppe von Gangstern den letzten großen Coup der Geschichte. Denn die US-Regierung hat einen Weg gefunden, Verbrechen per Funk-Signal und Gedankenkontrolle unmöglich zu machen. Bevor das System aktiviert wird, wollen die Ganoven noch einmal richtig Kasse machen. Auch im Film »Minority Report« von 2002 ist das Verbrechen abgeschafft. Dort können Agenten einer Spezialpolizei in die Zukunft sehen und somit Mörder bereits verhaften lassen, bevor diese ihre Tat begehen. Doch was wäre, wenn es wirklich gelänge, Verbrechen auszurotten? Wenn wir in einer Welt ohne Diebstahl, Betrug und Mord lebten?

Das Ende des freien Willens

Um das zu verstehen müsste man präzisieren, warum es kein Verbrechen mehr gibt. Also ob dieses unmöglich gemacht wird – zum Beispiel durch eine perfekt funktionierende Polizei oder Überwachung (siehe: »Was wäre, wenn ... es keine Privatsphäre mehr gäbe?«). Oder ob das Verbrechen verschwindet, weil die Menschen die Neigung verlieren, kriminell zu werden. »Bislang gab es immer Menschen, die gewillt waren, Abkürzungen zu nehmen, um sich einseitige Vorteile auf Kosten anderer zu verschaffen«, sagt Dietrich Oberwittler, Soziologe und Kriminologe an der Universität Freiburg und am Max-Planck-Institut zur Erforschung von Kriminalität, Sicherheit und Recht. »Wenn es diese Menschen nicht mehr gäbe, würde das letztlich bedeuten, dass kein freier Wille mehr existiert.« Doch egal, ob aus nachlassendem Antrieb oder aufgrund perfekter Strafverfolgung: Die Welt wäre eine grundlegend andere, wenn es keine Verbrechen mehr gäbe. Rund vier Milliarden Euro werden nach Expertenschätzungen in Deutschland jährlich für den Strafvollzug ausgegeben. Nicht nur können Gefängnisse abgeschafft werden, auch Staatsanwaltschaften und den strafrechtlichen Justizapparat könnte man einsparen. Für zivilrechtliche Angelegenheiten wären Gerichte noch nötig. Bei der Polizei wären ebenfalls Einsparungen möglich, ganz abschaffen könnte man sie – abgesehen von der Kriminalpolizei – dennoch nicht: »Nur ein kleiner Teil der täglichen polizeilichen Aktivitäten hat mit Verbrechensbekämpfung zu tun«, sagt Dietrich Oberwittler. »Das bewegt sich im Rahmen von zehn bis fünfzehn Prozent. Verbrechensprävention, Personen- und Objektschutz wären ebenfalls nicht mehr nötig. Beispielsweise im Bereich Verkehrssicherheit bräuchte man die Polizei aber nach wie vor, wenn auch insgesamt sicherlich nicht im selben Umfang wie heute.« Das gilt natürlich nicht, falls das Verbrechen wie in »Minority Report« durch einen speziellen Polizeiapparat eliminiert worden ist. Dieser müsste logischerweise erhalten bleiben.

Preisschilder für Mord und Totschlag

Forscher der Iowa State University haben 2010 ausgerechnet, dass ein Mord neben dem Menschenleben, das er kostet, auch einen gesellschaftlichen Schaden von 17,25 Millionen Dollar verursacht. Diese Summe ergibt sich aus »den Kosten für das Opfer (beziehungsweise seine Hinterbliebenen), den Kosten für das Justizsystem, der verlorenen Produktivität von Opfer und Täter sowie Schätzungen über die resultierende Zahlungsbereitschaft der Öffentlichkeit um künftige Gewalt zu verhindern«. Dieselbe Studie berechnete auch die gesellschaftlichen Kosten einer Vergewaltigung (448 532 Dollar), eines bewaffneten Überfalls (335 733 Dollar), eines Falles von schwerer Körperverletzung (145 379 Dollar) und eines durchschnittlichen Einbruchsdiebstahls (41 288 Dollar). Gäbe es die rund 16 000 jährlichen Mordfälle in den USA nicht mehr, würde allein das die Gesellschaft um mehr als 250 Milliarden Dollar entlasten. Von den Traumata, der Trauer und der Angst von Opfern und Hinterbliebenen gar nicht zu sprechen.

Schlechte Zeiten brächen hingegen für Waffenhersteller, Tresorproduzenten und Sicherheitsfirmen an. Niemand bräuchte mehr gesicherte Geldtransporter, Überwachungskameras und elektronische Diebstahlsicherungen an Waren. Metalldetektoren und Sicherheitskontrollen an Flughäfen wären ebenso überflüssig wie Stacheldraht, Fahrradschlösser, Panzerglas, kugelsichere Westen oder eine ganze Reihe von Versicherungen. »Es wären sehr viele Waren deutlich günstiger, weil Sicherheitsvorkehrungen entfielen oder

Dinge wie Diebstahl oder Betrug nicht mehr an den zahlenden Verbraucher weitergegeben werden müssten«, so Oberwittler. »Die Welt wäre zudem viel einfacher, wenn all diese Vorkehrungen überflüssig wären. Die Lebensqualität stiege massiv – umso mehr natürlich, je höher die vorherige Kriminalitätsrate war.«

Doch was würde aus den Verbrechern? Insbesondere jenen, die nicht im Affekt den Hund ihrer Chefin vergiften, sondern die regelmäßig ihren Lebensunterhalt mit kriminellen Tätigkeiten verdienen? »Wir neigen als Gesellschaft oft dazu, Kriminelle als eine feste, klar abgegrenzte Gruppe zu sehen. Als die Bösen, die anders sind als wir. Das hält eine Gesellschaft auch ein Stück weit zusammen«, so der Kriminalsoziologe Oberwittler. »Aber ein sehr großer Bereich der Kriminalität spielt sich bei den vermeintlich Braven und den Angepassten ab: Ob Wirecard, VW-Dieselskandal oder Steuerhinterziehung – jemand in der Vorstandsetage kann genauso zum Verbrecher werden und wahrscheinlich sogar einen vielfach größeren Schaden anrichten als jemand aus schlechteren Verhältnissen.« Auch die Aufteilung in Menschen, die im Affekt ein Verbrechen begehen und Berufsverbrechern sei nicht sinnvoll, so der Experte. »Sicherlich gibt es Menschen, die ihr Einkommen ausschließlich durch illegale Tätigkeiten bestreiten«, sagt er. »Aber diese sind ja nicht so geboren worden, es handelt sich um keine festgefügte Gruppe von Menschen.« Trotzdem müssten sich die Mitglieder einer Einbrecherbande im Gegensatz zum Steuerbetrüger oder einmalig ausgerasteten Wirtshausschläger eine neue Verdienstmöglichkeit suchen. Das sei jedoch vermutlich ohne größere Probleme möglich, so Oberwittler:

»Diese Menschen haben unterschiedliche Qualifikationen und unterschiedlich viele davon – so wie alle anderen Menschen auch.«

Fiktive Kriminalität und True-Crime-Formate

Unklar ist, wie sich das fiktionale Verbrechen entwickeln würde. Egal ob als Krimi in Buchform, als Gangster-Epos oder Whodunnit im Kino oder in den aktuellen Podcast-Charts: Verbrechen war und ist ein beliebtes und lukratives Thema. Es wäre denkbar, dass mit dem Verschwinden von realen Verbrechen nach und nach auch die fiktiven Erzählungen davon aussterben. Vielleicht ist aber auch genau das Gegenteil der Fall und der Bedarf beim Publikum an Verbrechensgeschichten stiege umso mehr an, je weniger es in der Realität damit konfrontiert wäre. Lediglich für Formate, die sich mit realen Verbrechen beschäftigen, gäbe es keine Grundlage mehr. Der Sendeplatz von »Aktenzeichen XY ungelöst« würde also ebenso frei werden wie der Platz im Zeitschriftenregal, auf dem derzeit Magazine wie »Stern Crime« ausliegen.

WAS WÄRE, WENN ...

es in Deutschland keine private
Krankenversicherung mehr gäbe?

Fast immer, wenn von der medizinischen Versorgung in
Deutschland die Rede ist, landet die Diskussion irgendwann
bei dem Stichwort Zwei-Klassen-Medizin. Einerseits sind da
die Privatpatienten, die der Chefarzt höchstpersönlich behan-
delt. Andererseits die unterversorgten Kassenpatienten, die
sich auch todkrank noch ein Fünferzimmer teilen müssen –
so das Klischee. Doch was wäre, wenn es in Deutschland keine
privaten Krankenversicherungen (PKV) mehr gäbe?

Sonderfall Deutschland

Deutschland ist mit seinem zweigeteilten System eine Ausnahme. Die meisten Länder setzen entweder auf eine komplett staatliche Versorgung (wie Großbritannien) oder auf
gesetzliche Kassen plus private Zusatzversicherungen.

Die erste Frage wäre deshalb, ob auch die Möglichkeit abgeschafft würde, eine private Zusatzversicherung abzu-
schließen, zum Beispiel für den Zahnersatz. »Schafft man

beides ab, muss alles, was nicht von den gesetzlichen Kassen abgedeckt wird, komplett selbst bezahlt werden«, sagt Annika Herr, Gesundheitsökonomin an der Universität Hannover. »Das dürfte die sozial ungerechteste Lösung sein, weil Einkommensunterschiede dann stärker entscheiden, wer welche Zusatzleistungen erhält.«

Gäbe es in Deutschland keine privaten Vollversicherungen mehr, müssten 8,7 Millionen Menschen in die gesetzlichen Krankenversicherungen (GKV) wechseln. Bei diesen knapp elf Prozent aller Versicherten handle es sich um »überdurchschnittlich junge und gesunde Menschen«, sagt Herr. Dadurch würden die Mitglieder der gesetzlichen Kassen im Schnitt gesünder – was niedrigere Pro-Kopf-Kosten für die Kassen zur Folge hätte.

Allerdings verdienten Ärzte ohne Privatpatienten weniger, da sie für deren Behandlung meist mehr erhalten als bei gesetzlich Versicherten. Laut Studien der PKV fehlten dem deutschen Gesundheitssystem dadurch knapp 13 Milliarden Euro, eine durchschnittliche Arztpraxis in Deutschland hätte jährlich rund 50 000 Euro weniger zur Verfügung. Je aufwendiger die Technik einer Praxis, so Annika Herr, desto schwieriger sei es, ohne die höheren Einnahmen durch Privatpatienten zu überleben.

Klischee der Ineffizienz

Die gesetzlichen Kassen müssten in diesem Fall vermutlich viele Leistungen besser bezahlen – wodurch auch die Versicherungsbeiträge stiegen. Von dem Vorwurf, die gesetzlichen Kassen wirtschafteten ineffizienter als die privaten, hält die Gesundheitsökonomin nichts: »Das mag bis in die Siebzigerjahre der Fall gewesen sein, als es in Deutschland noch etwa 1800 gesetzliche Krankenversicherungen gab«, sagt sie. »Heute sind es etwa 100. Zwischen ihnen gibt es einen starken Wettbewerb, der zu mehr Effizienz führt.«

Laut dem Sachverständigenrat zur Begutachtung der gesamtwirtschaftlichen Entwicklung ist es vor allem das Nebeneinander der beiden Systeme, das ineffizient ist und »zu einer Fehlallokation von knappen Ressourcen und zu Qualitätsdefiziten« führt. Deutlich wird das bei der Versorgung auf dem Land: Da Privatpatienten häufiger in der Stadt wohnten, siedelten sich dort mehr Ärzte an, die dann auf dem Land fehlten, sagt Herr. »Die Kosten für die Versorgung in der Fläche tragen vor allem die gesetzlichen Krankenkassen.«

Die Befürchtung, ohne private Konkurrenz könnten Versicherten medizinische Leistungen öfter vorenthalten werden, teilt sie nicht: »Der Wettbewerb würde ein Zusammenstreichen der Leistungen verhindern.« Dass viele Mitarbeiter privater Krankenkassen ihren Job verlören, ist auch nicht zu befürchten. Die Kassen könnten als gesetzliche Versicherungen fortbestehen – sie müssten nur anders abrechnen. Die knapp 200 000 Versicherungsmakler und -vertreter verlören jedoch einen Teil ihrer Provisionen.

Frage nach den Rücklagen

Aber was geschähe mit den Rückstellungen, welche die privaten Krankenkassen für ihre Versicherten bilden, um deren Beiträge im Alter trotz steigendem Krankheitsrisiko stabil zu halten? Diese Verbindlichkeiten gibt es im gesetzlichen

System nicht. Lange galt dieses Kapital als Garant für die Solidität der Privaten, doch in Zeiten der Niedrigzinsen erwirtschaften sie immer weniger Gewinne. Viele Vorschläge für die Einführung einer deutschlandweiten gesetzlichen Versicherung sehen vor, dass die Rücklagen mitgenommen und entweder individuell ausbezahlt oder dazu genutzt werden, die Beiträge für alle Versicherten zu senken.

Am stärksten würden von einem Wegfall der privaten Krankenkassen die profitieren, die sie derzeit nicht verlassen können. »Es gibt zahlreiche Menschen, die die Beiträge nicht mehr aufbringen können, aber auch nicht in die gesetzliche Krankenversicherung zurückkehren dürfen«, sagt Annika Herr. »Zum Beispiel Selbstständige, deren Rente zu niedrig ist, um die steigenden Beiträge zu bezahlen.«

Gesundheitskosten steigen auch nach Abschaffung

In den Niederlanden wurden 2006 die privaten Vollversicherungen abgeschafft. Seitdem müssen sich alle Bürger bei einer der rund 40 gesetzlichen Kassen versichern. Private Zusatzversicherungen sind erlaubt, der Wettbewerb zwischen den Anbietern ist durch eine jährliche Wechselmöglichkeit sichergestellt. Die Gesundheitskosten steigen trotzdem weiter.

Ob sich ein ähnliches Modell hierzulande durchsetzen kann, bleibt ungewiss. Die Deutschen sähen es gern: Zum einen spricht sich in Umfragen eine deutliche Mehrheit für die Abschaffung des zweigeteilten Systems aus. Zum anderen entscheiden sich seit einigen Jahren immer weniger Versicherte für eine private Vollversicherung.

WAS WÄRE, WENN ...

es keine Subventionen mehr gäbe?

Im Jahr 2007 schrieb ein Brite dem damaligen Minister für Umweltschutz und Landwirtschaft, David Miliband, dass sein Nachbar als Landwirt 3000 Pfund dafür bekomme, dass er keine Schweine züchte – mehr als der Bauer je mit der Schweinezucht verdient habe. »Ich möchte nun ebenfalls in das Geschäft mit der Nicht-Schweinezucht einsteigen«, so der Subventionskritiker. »Was ist Ihrer Meinung nach die beste Art Bauernhof, um keine Schweine zu züchten, und welche Rasse eignet sich besonders gut, um sie nicht zu züchten?«

Nach wie vor wird der Agrarsektor in der Europäischen Union mit riesigen Summen bedacht, 59 Milliarden Euro waren es im Jahr 2019 – 6,5 davon flossen nach Deutschland. Was aber wäre, wenn es nicht nur keine Agrarförderung mehr gäbe, sondern überhaupt keine Subventionen mehr existierten?

Von Wohnungsbau bis Brennholz

Alle zwei Jahre muss die Bundesregierung laut Paragraf zwölf des Gesetzes zur Förderung der Stabilität und des Wachstums der Wirtschaft (StWG) die gewährten Subventionen offenlegen. Im jüngsten Bericht von 2017 reichten diese von 265 Millionen Euro für die Wohnungsbauprämie über 500 Millionen für den Breitbandausbau bis zu 1,45 Milliarden für Zuschüsse an die Träger der Krankenversicherung der Landwirte. Subventionen, die sich auf insgesamt 160 Milliarden Euro addieren, können dabei direkt durch Finanzhilfen (wie E-Auto-Prämie oder Baukindergeld) oder indirekt durch Steuervergünstigungen (wie der reduzierte Umsatzsteuersatz auf Zirkusveranstaltungen oder Brennholz) gewährt werden.

»Grundsätzlich ist jede Subvention eine Allokationsverzerrung«, sagt Claus Laaser vom Kieler Institut für Weltwirtschaft (IfW), das staatliche Beihilfen tendenziell kritisch sieht. »Das bedeutet, durch staatliche Einmischung werden Märkte verzerrt und Ressourcen nicht optimal genutzt.«

Rechtlich verpflichtende Altlasten

Doch selbst das IfW plädiert nicht für die komplette Abschaffung aller Subventionen, sondern meist nur für das Kürzen oder Streichen einzelner Posten. Auf einige könne schon rein rechtlich kaum verzichtet werden, sagt Laaser. Dazu gehörten neben den Pensionszahlungen an ehemalige Bundesbahnbeamte auch die Beseitigung von Umweltschäden, die der DDR-Braunkohle- und Uranerzbergbau verursacht haben. »Auch wenn es sich dabei um nachträgliche Subventionen für die verursachenden Unternehmen und Wirtschaftszweige handelt, sind das Altlasten, um die man nicht herumkommt.«

Befürworter von Subventionen argumentieren häufig,

dass diese Innovationen ermöglichten. Ein Wegfall von Subventionen bedeute demnach kurzfristig Stillstand und langfristig mangelnde Wettbewerbsfähigkeit. Laaser sieht das anders: »Das wäre nur der Fall, wenn sämtliche Unternehmen komplett von Subventionen abhängig wären und ohne diese in absoluter Untätigkeit verharren müssten. Wenn man außerdem alle Subventionen auf Bundes- und Länderebene striche, könnte man die Steuerzahler um rund 160 Milliarden Euro entlasten. Das käme auch Unternehmen zugute, die dann mehr Geld hätten, um Innovation auf eigene Rechnung voranzutreiben.«

Weltweiter Schaden durch Kraftstoffsubventionen

International sind es vor allem Subventionen im Energiesektor, deren Abschaffung sich lohnen könnte. Indem fossile Brennstoffe wie Kohle, Erdöl oder Gas subventioniert werden, entstehen laut Experten nicht nur Umweltschäden und soziale Ungleichheit, sondern auch eine geringere Wirtschaftsleistung, als eigentlich möglich wäre. So ist in einem Arbeitspapier des Internationalen Währungsfonds zu lesen, dass sich der weltweite Schaden durch Kraftstoffsubventionen auf jährlich 5,3 Billionen Dollar summiert, was sechs Prozent des globalen Bruttoinlandsproduktes entspricht und fast so hoch ist wie die weltweiten Gesundheitsausgaben. Vor allem Entwicklungs- und Schwellenländer – aber auch die USA und Erdöl fördernde Länder im Nahen Osten – subventionieren die Benzinpreise gern mit der Begründung, Menschen mit geringem oder keinem Einkommen entlasten zu wollen. Dabei sind es oft gerade die urbanen Eliten, die wirklich davon profitieren: In einem typischen Schwellenland gehen 40 Prozent der Entlastungen an das reichste Fünftel der Haushalte, hat das Magazin *Economist* berechnet, beim ärmsten Fünftel kommen nur sieben Prozent an.

1 Euro mehr für den Zoo, 100 Euro mehr fürs Konzert

In Deutschland sind es neben den Agrarsubventionen immer wieder auch die Förderungen des Kulturbetriebs, über die diskutiert wird. Nur 14 Prozent davon (1,3 Milliarden Euro) stammen aus dem Bundeshaushalt, das meiste Geld kommt von Städten und Kommunen. Die Stadt München zum Beispiel hat ausgerechnet, dass ein Ticket für die dortige Philharmonie durchschnittlich um 100,43 Euro teurer sein müsste, wenn es nicht bezuschusst wäre, für den Eintritt ins Volkstheater wären 74,21 Euro mehr fällig. Die Stadtbibliothek müsste 3,23 Euro für jedes entliehene Buch verlangen – und selbst jede Eintrittskarte für den Tierpark Hellabrunn wäre um immerhin 1,02 Euro teurer.

Gerade beim Thema Kultur gelten Subventionen als notwendig, um allen Menschen unabhängig vom Einkommen den Zugang zu ermöglichen. Oft ist das aber keine Geldfrage: Wer nicht ins Theater geht, tut das eher aus mangelndem Interesse oder Scheu vor vermeintlichen Kleidungsvorschriften als wegen der Kartenpreise. Und Museen, die zeitweise auf Eintrittspreise verzichten, verzeichnen zwar einen Besucherzuwachs, aber meist sind es dieselben Menschen, die sowieso kommen – nur öfter. Neue Besucherschichten werden selten erschlossen.

WAS WÄRE, WENN ...

ganz Afrika nur noch eine Währung hätte?

Die Idee einer gemeinsamen Währung für den gesamten afrikanischen Kontinent kam erstmals 1963 auf. Damals wurde die Organisation Afrikanische Einheit in Addis Abeba, Äthiopien, gegründet – das Konzept eines einheitlichen Zahlungsmittels aber nicht weiterverfolgt. Einen offiziellen Plan gab es erst 1991 im Rahmen des Abuja-Vertrags, der die Afrikanische Wirtschaftsgemeinschaft begründete. Bis 2028 solle es eine afrikanische Zentralbank und nach Möglichkeit auch eine gemeinsame Währung geben, stand darin. Der Weg dahin ist allerdings noch weit, und viele bezweifeln, dass das ambitionierte Vorhaben überhaupt gelingen kann. Doch was wäre, wenn Afrika tatsächlich eine gemeinsame Währung hätte? Wenn der »Afro«, wie das mögliche Pendant zum Euro manchmal scherzhaft genannt wird, Wirklichkeit werden würde?

Ein optimaler Wirtschaftsraum?

Für alle Arten von Währungsunionen gilt: Ein gemeinsames Zahlungsmittel birgt extreme Vorteile für den Handel und Investitionen. Es vereinfacht, stabilisiert, beseitigt Transaktionskosten und Kursschwankungen. Eine Studie zweier US-Ökonomen kam 2001 zu dem Ergebnis, dass das durchschnittliche Handelsvolumen zwischen zwei Ländern mit einer gemeinsamen Währung dreimal so hoch ist wie das zwischen anderen Ländern.

Ob eine Währungsunion sinnvoll ist oder nicht, hängt allerdings davon ab, wie groß das Risiko für die einzelnen Mitgliedsstaaten und die Währung an sich wäre, sollte eines der Länder oder mehrere wirtschaftliche Probleme bekommen.

Wenn die Gefahr, dass dadurch alle in eine Krise geraten, niedriger ist als der Nutzen durch einen aufblühenden Handel, spricht man von einem optimalen Wirtschaftsraum. Südafrikas Präsident Cyril Ramaphosa betrachtet Afrika als einen solchen. Deshalb spricht er sich immer wieder für eine Währungsunion aus. Eine gemeinsame Währung – vielleicht zuerst digital umgesetzt – würde, so sagt er, den Handel zwischen den afrikanischen Nationen stärken, Investitionen in die Infrastruktur erleichtern und dem Kontinent helfen, unabhängiger zu werden.

Beweis politischer Einheit

Tatsächlich könnte Afrika enorm profitieren, wenn seine Länder stärker miteinander handelten. 2018 gingen nur 16 Prozent aller afrikanischen Exporte in andere afrikanische Länder, in Europa lag die Quote 2017 bei 64 Prozent. Viele afrikanische Volkwirtschaften sind zu klein, um jenseits von Öl- und Mineraliengewinnung Investitionen zu rechtfertigen.

Außerdem hätte ein einheitliches Zahlungsmittel nach

dem senegalesischen Ökonom Ndongo Samba Sylla einen weiteren Vorteil: »Es wäre vor allem der Beweis, dass es gelungen ist, den Kontinent auch politisch zu einen. Und ein föderales Afrika mit gemeinsamer Finanz-, Handels- und Außenpolitik hätte auch in internationalen Foren eine gewichtigere Stimme.«

Sylla hat gemeinsam mit der Französin Fanny Pigeaud ein Buch über den CFA-Franc geschrieben, das ist die Währung in den Staaten, die einst französische Kolonien waren. Acht west- und sechs zentralafrikanische Staaten mit insgesamt etwa 180 Millionen Einwohnern verwenden sie. Der CFA-Franc ist an den Euro gekoppelt und derzeit das größte gemeinsame Zahlungsmittel in Afrika.

»Am CFA-Franc kann man sehr genau sehen, wie eine gemeinsame Währung nicht sein sollte«, sagt Sylla. »Er entstand 1945 und funktioniert noch immer wie zur Kolonialzeit. Es gibt keine eigenständige Geldpolitik, alles muss mit Frankreich abgestimmt werden.« Die Hälfte der Währungsreserven muss dort verbleiben, diese Fremdbestimmung führe dazu, dass die Länder, die das Zahlungsmittel verwenden, arm blieben.

Ndongo Samba Sylla plädiert dafür, dass sich die betroffenen Nationen von Frankreich loslösen. Dabei könnte eine gemeinsame afrikanische Währung helfen. Allerdings wäre das nicht automatisch für alle Länder von Vorteil: »Eine gemeinsame Währung würde beispielsweise bedeuten, dass Nigeria aufgrund seiner Größe und Wirtschaftsleistung eine noch stärkere Vormachtstellung einnähme als ohnehin schon.« Wirtschaftlich schwächere Staaten aber hätten nicht mehr die Möglichkeit, ihre Währung in einer Krise abzuwerten.

Zusatz- statt Gemeinschaftswährung?

Die südafrikanische Wirtschaftswissenschaftlerin Thabi Leoka ist kein Fan einer Währungsunion. »Mir fällt es schwer, die Vorteile zu sehen – sowohl für die ärmeren als auch für die reicheren Länder«, sagt sie. »Die einzelnen Volkswirtschaften sind so unterschiedlich, dass es quasi unmöglich ist, die jeweiligen Inflationsraten und Zinssätze sinnvoll zu vereinheitlichen.«

Sinnvoller fände sie eine gemeinsame Zusatzwährung, die neben den Landeswährungen existierte und an den südafrikanischen Rand gekoppelt wäre. Diese könnte den Handel vereinfachen, jedes Land behielte aber seine geldpolitische Unabhängigkeit. Botswana, Lesotho, Namibia und Swasiland benutzen den Rand bereits jetzt als zusätzliche Währung zu Handelszwecken.

In ihrem Buch »The Monetary Geography of Africa« haben die Ökonomen Paul Masson und Catherine Pattillo untersucht, welche Regionen von einer Währungsunion profitierten und welche nicht. Ihr Ergebnis: Von den fünf regionalen Wirtschaftsblöcken gäbe es nur zwei wirkliche Gewinner. Dazu zählen das Östliche und das Südliche Afrika (COMESA, darunter Äthiopien, Kenia, Sambia und Somalia) und die Westafrikanische Wirtschaftsgemeinschaft (ECOWAS, mit CFA- Franc-Ländern wie Burkina Faso, Mali und Senegal, aber auch Ghana, Nigeria und Sierra Leone).

Die Union des arabischen Maghreb (AMU), die Zentralafrikanische Wirtschaftsgemeinschaft (ECCAS) und die Entwicklungsgemeinschaft des südlichen Afrika (SADC) gewännen im Durchschnitt nichts. Die Gründe dafür sind vielfältig, grundsätzlich profitierten den Autoren zufolge aber jene Länder, die bislang eine eher laxe Finanzpolitik verfolgen.

Am Ende hinge viel davon ab, ob es der gemeinsamen Währung gelänge, die Produktivität der afrikanischen Staaten zu steigern. Eine freundliche Konkurrenz untereinander könnte helfen, vor allem brauchte es dazu eine stärkere Diversifizierung von Produkten und Exporten.

Auch der Euro verlangte Geduld

Ob und wann der Afro kommen könnte? Etienne Yehoue vom Internationalen Währungsfonds rät zu Geduld. Die sei beim Euro ebenfalls nötig gewesen. »Es wird auch in Afrika nur sehr langsam gehen«, sagt sie. »Wenn man die Unterschiede in der Wirtschaftspolitik betrachtet, ist es nicht sehr ermutigend. Wenn es jedoch einen starken politischen Willen gibt, ist es nicht unmöglich, dass wir eine gemeinsame afrikanische Währung erleben werden.«

WAS WÄRE, WENN ...

sich die Erde nicht mehr drehte?

Mit einer Geschwindigkeit von fast 30 Kilometern pro Sekunde kreist die Erde um die Sonne. Eine Umrundung dauert ein Jahr. Dabei dreht sie sich permanent um die eigene Achse – und zwar einmal pro Tag. Diese Rotation verlangsamt sich ganz allmählich. Das fanden britische Forscher heraus, die Zeitpunkte und Orte von historischen Sonnenfinsternissen im alten Griechenland, dem Nahen Osten, China und anderen Stellen der Erde analysierten. Die Verlangsamung ist jedoch nur minimal: In den letzten hundert Jahren verlängerte sich ein Tag auf der Erde durch diese langsamer werdende Rotation gerade mal um 1,78 Millisekunden, wie der Astronom Leslie Morrison und sein Team 2016 in einer Studie feststellten. Doch was wäre, wenn die Erde zwar weiterhin um die Sonne kreisen, sich dabei aber nicht mehr drehen würde?

Vollbremsung im All?

Als erstes kommt es darauf an, ob die Erde ruckartig aufhören würde, sich zu drehen. Wir nehmen es zwar nicht wahr, aber die Geschwindigkeit, mit der sie um die eigene Achse rotiert, ist ziemlich hoch. Am Äquator beträgt die reine Rotationsgeschwindigkeit (also ohne die Bewegung der Erde um die Sonne) fast 1800 Kilometer pro Stunde. Würde diese Drehung abrupt stoppen, käme das ungefähr einem Auffahrunfall mit Tempo 1800 gleich.

»Alles, was nicht extrem fest im Bodengestein verankert ist, würde davonfliegen«, so der NASA-Astronom Sten Odenwald in einem Aufsatz. »Lose Felsen, Erdboden, Bäume, Gebäude, Ihr Hund und so weiter würden in die Atmosphäre geschleudert.«

Nehmen wir also an, es käme zu einem sanfteren Abbremsen der Erdrotation. Vermutlich gäbe es daraufhin eine Seite, die permanent der Sonne zugewandt wäre. So ist es zumindest mit dem Mond passiert, der sich früher ebenfalls um die eigene Achse drehte. Seit diese Rotation aufgehört hat, ist er durch die Erdanziehungskraft so in einer Laufbahn fixiert, dass stets die gleiche Seite zur Erde schaut. Wäre dies auch bei der Erde der Fall, würde sich die dauerhaft der Sonne zugewandte Seite, extrem stark erwärmen. Die permanent abgewandte Seite hingegen würde durch die Kälte des Weltalls unbewohnbar. Das Leben wäre dann vermutlich nur entlang eines schmalen Streifens zwischen diesen beiden Zonen möglich. Hier dürfte die Temperatur moderat sein, auch wenn die gesamten Wetter- und Klimaveränderungen einer stillstehenden Erde zu komplex sind als dass Wissenschaftler sie bisher konkreter vorausgesagt hätten. »Die Menschen, die am Rand der sonnenzugewandten Seite leben, wo die Sonne also nur knapp über dem Horizont schwebt, würden vermutlich Getreide anbauen können«, schätzt Rhett Allain, Physiker an der University of Southeastern Louisiana in einem Interview.

Vom Medizinball zurück zur Kugel

Noch etwas würde sich jedoch entscheidend verändern: Durch ihre bereits Millionen Jahre andauernde Rotation ist die Erde keine perfekt runde Kugel mehr. Ihre Form ist stattdessen an den Polen leicht abgeflacht, ähnlich wie bei einem ledernen Medizinball aus dem Sportunterricht. Der Durchmesser der Erde am Äquator ist dabei 21,4 Kilometer größer als durch Nordpol und Südpol gemessen.

Käme die Erde tatsächlich zum Halten, hätte damit auch das permanente Ziehen in die Breite ein Ende – und die Erde fände, wenn auch vermutlich langsam, wieder in ihre rundere Kugelform zurück. Das Wasser der Ozeane wird aber ebenfalls durch die Drehung von den Polen weg, hin zum Äquator gedrückt. Und würde deshalb zu den Polen zurückfließen. »Die Meere würden sich vom Äquator zu den Polen verschieben und die Erdoberfläche am Äquator knochentrocken zurücklassen, während an den Polen kilometertiefe Ozeane entstünden«, so prognostiziert es Louis Bloomfield, Physiker an der Universität von Virginia in einem Artikel.

Zwei Riesenozeane und ein Landgürtel

Witold Fraczek, Informatiker bei der US-Softwarefirma Esri und Spezialist für Geoinformationssysteme berechnete vor einigen Jahren mit einer Computersimulation, was genau mit dem Wasser der Weltmeere passieren würde, wenn man die Erde binnen einiger hundert Jahre abbremsen und ihrer

Drehung berauben würde. Laut seiner Simulation entstünden zwei riesige Ozeane an den Polen sowie ein breiter Landgürtel, der parallel zum Äquator einmal um die gesamte Erde führt. Europa wäre in dieser Simulation fast komplett untergegangen, bedeckt vom nördlichen Riesenozean. Auch Alaska, Sibirien und Kanada lägen unter Wasser. Ein Landgürtel würde große Teile der Vereinigte Staaten von Amerika und die Kontinente Südamerika und Afrika ebenso umfassen wie die arabische Halbinsel, Indien, Südostasien und Australien. So könnte man es eben trockenen Fußes von Südamerika nach Afrika und von dort aus weiter bis nach Australien schaffen – die Sache mit der mörderischen Hitze auf der sonnenzugewandten und der eisigen Kälte auf der sonnenabgewandten Seite mal kurzzeitig außer Acht gelassen.

Auch das Magnetfeld der Erde erführe eine empfindliche Störung und würde vielleicht sogar verschwinden. Zwar ist noch nicht hundertprozentig erforscht, was alles zu diesem Magnetfeld beiträgt, das die Erde umgibt, aber ein Großteil scheint auf einem Dynamoeffekt im Inneren der Erde zu basieren. Und dieser Effekt zwischen den verschiedenen Schichten des Erdkerns benötigt wiederum die Drehung der Erde.

»Wenn die Erde aufhören würde, sich zu drehen, würde sich ihr Magnetfeld nicht mehr regenerieren, und es würde bis auf sehr kleine Bestandteile in eisenhaltigem Gestein auf einen geringen Restwert zerfallen«, so Sten Odenwald von der NASA. »Es gäbe kein ›Nordlicht‹ mehr, und die Van-Allen-Strahlungsgürtel würden wahrscheinlich verschwinden, ebenso wie unser Schutz vor kosmischer Strahlung und anderen hochenergetischen Teilchen.«

Vier Zonen des Lebens

Die Atmosphäre wiederum verschöbe sich ähnlich wie die Ozeane und würde um die Pole herum dicker und in Äquatornähe dünner. »Nur an einem Sweet Spot in den mittleren Breiten gäbe es den richtigen Luftdruck, der Erdenbewohnern ein Überleben ermöglicht«, so der US-Physiker Louis Bloomfield. Es gäbe um die Erdkugel herum also einen senkrechten Ring zwischen der Tag- und der Nachtseite der Erde sowie zwei horizontale Ringe in den mittleren Breiten der nördlichen und südlichen Hemisphäre, in denen Leben möglich ist. Daraus lässt sich ableiten, dass es an den Schnittpunkten dieser Ringe insgesamt vier Regionen gibt, an denen menschliches Leben möglich wäre. »Es wird vier Flecken geben, die eine vernünftige Mischung aus dem richtigen Luftdruck und der richtigen Temperatur aufweisen: zwei auf der nördlichen und zwei auf der südlichen Halbkugel«, so Bloomfield. Vermutlich würden vier neue menschliche Stämme entstehen, getrennt durch so große Flächen unbewohnbarer Ödnis, dass sie keinerlei Austausch miteinander hätten und sich daher evolutionär komplett unterschiedlich entwickeln würden.

Zum Glück dreht sie sich weiter

Noch komplizierter wird es, wenn man annimmt, dass nicht automatisch eine Seite der Erde immer der Sonne zugewandt wäre, sobald die Erde aufhörte, sich zu drehen. Würde die Erde stattdessen starr ihre Ausrichtung beibehalten, würden sie durch ihren Kreis um die Sonne immerhin einmal im Jahr auf jedem Ort der Erde, Tag und Nacht abwechseln. Auch dieses Szenario ist Forschern zufolge denkbar. Dann würden sich die bewohnbaren Zonen im Lauf eines Jahres einmal um den ganzen Globus bewegen. Es scheint also so oder so keine besonders gute Idee, wenn man sich an besonders stressigen Tagen wünscht: »Würde die Welt doch nur mal für ein paar Momente stillstehen.«

WAS WÄRE, WENN ...

wir ewig lebten?

Ob Dracula oder Peter Pan, Dorian Gray oder der »Highlander« Connor MacLeod – es gibt zahllose Geschichten und Mythen über die Unsterblichkeit. Die Idee, dem Tod ein Schnippchen zu schlagen und ewig zu leben, fasziniert die Menschen seit je. Aktuell wird vor allem im Silicon Valley daran gearbeitet, das Altern abzuschaffen. Die Ideen reichen von Blutwäsche über das Aussortieren von Zellen, die sich nicht mehr selbst erneuern, bis zum Hochladen unseres Bewusstseins in die Cloud. Noch ist nichts davon annähernd marktreif. Doch was wäre, wenn es der Menschheit wirklich gelänge, den Alterungsprozess zu besiegen, und wir ewig leben könnten?

Kein Platz mehr für Neues

Die Überbevölkerung ist das erste Problem, das einem einfällt, wenn man dieses Szenario durchspielt: Eine zentrale Aufgabe des Todes ist es, Platz zu machen für Neues.

John K. Davis, Philosophieprofessor an der California State University in Fullerton und Autor des Buchs »New Methuselahs – Ethics of Life Extension« hat ausgerechnet, was passierte, wenn Menschen 150 Jahre alt würden und jede Frau zwei Kinder bekäme, eines mit 25 und eines mit 75. In gut 100 Jahren würde sich die Bevölkerung verdreifachen. »Nur ein geringfügiger Anstieg der Lebenserwartung würde schon zu einer Überbevölkerungskrise führen«, so Davis.

In einem zweiten Szenario berechnet er, was passierte, wenn die Lebenserwartung 1000 Jahre betrüge, dafür aber nur jede zweite Frau ein Kind gebären dürfte. In diesem Fall gäbe es nach einem Anstieg der Bevölkerungszahl ein Plateau und nach 850 Jahren sogar wieder einen Rückgang.

Ursula Müller-Werdan, Direktorin der Klinik für Geriatrie und Altersmedizin an der Berliner Charité und Leiterin der Forschungsgruppe Geriatrie, macht sich in Sachen Überbevölkerung wenig Sorgen: »Bei einer utopisch verlängerten Lebensspanne wäre die Frage, ob mit der Lebenszeit der Menschen im selben Maß dann auch das Alter zunehmen würde, bis zu dem sie zeugungsfähig oder fruchtbar sind«, sagt sie. »In einem solchen Kontext glaube ich an eine Selbstregulation, also dass es die Gesellschaft hinbekäme, durch Gesetzgebung oder bestimmte Standards und Konventionen einen Weg zu finden, das Bevölkerungswachstum zu begrenzen.«

Bestatter und Todesanzeigen nicht komplett überflüssig

Selbst wenn es gelänge, das Altern aufzuhalten, stürben außerdem immer noch Menschen durch Unfälle, Mord oder Suizid. Die Bestatterbranche, die in Deutschland rund zwei Milliarden Euro pro Jahr umsetzt, würde also nicht komplett überflüssig. Ebenso wie die Friedhöfe (allein in Berlin 1105 Hektar Fläche) oder das Geschäft der Tageszeitungen mit Todesanzeigen müsste sie sich jedoch stark verkleinern. Je seltener Todesfälle werden, desto schockierender und schmerzhafter werden sie für die Hinterbliebenen. »Wir sehen diesen Trend bereits jetzt«, sagt Müller-Werdan von der Charité. »Mozart beispielsweise musste vier von seinen sechs Kindern zu Grabe tragen. Das war damals sehr häufig, der Tod war allgegenwärtig – heute ist er etwas Ungewöhnliches und der Umgang mit ihm daher ein ganz anderer.«

Wenn die Menschen ihre gewonnenen Lebensjahre zu einem Großteil gesund und bis ins hohe Alter leistungsfähiger verbringen, könnte eine Verlängerung des Lebens große gesellschaftliche Vorteile bringen. So sieht es zumindest Gregory Stock, Bioethiker und ehemaliger Direktor des Programms für Medizin, Technik und Gesellschaft an der University of California Los Angeles. Er sagt, dass eine erhöhte Lebenserwartung »die Chance bietet, Fehler wiedergutzumachen, uns zu langfristigerem Denken motiviert und die Kosten des Gesundheitswesens senkt, wenn die teuren Krankheitsjahre des Alters erst später einsetzen. Außerdem würde die Produktivität steigen, wenn sich unsere leistungsfähige Zeit verlängert.«

Sinn entsteht durch Endlichkeit

Andere Stimmen warnen hingegen vor einem Verlust des Lebenssinns: Warum sollte man etwas erreichen, etwas lernen, etwas wagen, wenn dazu auch noch im nächsten Jahr, im nächsten Jahrzehnt oder nächsten Jahrhundert Zeit ist, so die Befürchtung. In einem Arbeitspapier des Bioethikrats des damaligen US-Präsidenten George W. Bush schrieb Leon Kass von der Universität Chicago 2003: »Die bloße Erfahrung, ein Leben zu leben und sich selbst dabei zu verbrauchen, trägt zu unserem Gefühl von Leistung und Vollendung bei. Zu unserem Gefühl, dass es einen Sinn hat, dass die Zeit vergeht und wir uns durch sie hindurchbewegen.«

Selbst wenn wir lernten, auch ein zeitlich unbefristetes Leben als sinnvoll zu empfinden, würde sich unsere Arbeitswelt massiv verändern. Menschen müssten länger in ihren gewählten Berufen verweilen und würden sich dadurch mehr Wissen und Erfahrung aneignen, womöglich aber im Laufe der Zeit Neugier und Begeisterung verlieren. Eine weitere Gefahr wäre, dass Unternehmen, Organisationen und politische Institutionen sich nicht weiterentwickeln, weil statt eines regelmäßigen Zustroms neuer Ideen und Talente eine kleine Gruppe auf ewig an der Spitze verharrt und den Kurs bestimmt.

Fortschritt durch Generationenwechsel

Einige Stimmen befürchten sogar, dass keinerlei sozialer Fortschritt mehr möglich wäre: Hätten die Menschen des 18. Jahrhunderts ewig gelebt, hätten wir heute noch keine Frauenrechte, aber immer noch Sklaverei. Denn nur durch das Wegsterben der Älteren können sich die Ansichten und Ideale der Jüngeren durchsetzen, so die Argumentation.

Auch unser Konzept von Familie dürfte sich entscheidend verändern: Je nach Fruchtbarkeit wären Eltern denkbar, die 100 Jahre älter sind als ihre Kinder, oder Geschwister, deren

Alter Jahrzehnte auseinanderliegt. »Schon jetzt sehen wir, dass es durch die gestiegene Lebenserwartung normaler geworden ist, dass Menschen im Laufe ihres Lebens mehrere Partner haben«, sagt Müller-Werdan. »Wenn sich dann auch noch die Fortpflanzungsfähigkeit über einen größeren Zeitraum ausdehnen ließe, dann würden wir sicherlich bisher ungekannte Familienkonstellationen und ein neues Soziogramm sehen.«

In den vergangenen 150 Jahren hat die moderne Medizin dazu geführt, dass sich die durchschnittliche Lebenserwartung in Deutschland ungefähr verdoppelt hat. Wie weit sie sich noch ausdehnen lässt, ist umstritten: Manche Forscher sagen, dass genetisch bedingt bei spätestens 115 bis 120 Jahren Schluss sein wird, andere sind davon überzeugt, dass es keine solche Grenze gibt.

Mindestens genauso umstritten ist, ob ein ewiges Leben wirklich wünschenswert wäre. Die Schriftstellerin Susan Ertz sah es so: »Millionen sehnen sich nach Unsterblichkeit«, schrieb sie. »Und wissen noch nicht einmal an einem verregneten Sonntagnachmittag etwas mit sich anzufangen.«

WAS WÄRE, WENN ...

auf der ganzen Welt Frieden herrschte?

Krieg ist schon lange verboten. Alle Mitgliedstaaten der Vereinten Nationen haben sich laut deren Charta von 1945 verpflichtet, »jede gegen die territoriale Unversehrtheit oder die politische Unabhängigkeit eines Staates gerichtete oder sonst mit den Zielen der Vereinten Nationen unvereinbare Androhung oder Anwendung von Gewalt« zu unterlassen. 1970 wurde dies ergänzt: »Kein Staat (...) hat das Recht, (...) in die inneren oder äußeren Angelegenheiten eines anderen Staates einzugreifen. Folglich sind die bewaffnete Intervention und alle anderen Formen der Einmischung oder Drohversuche gegen die Rechtspersönlichkeit eines Staates oder gegen seine politischen, wirtschaftlichen und kulturellen Teileelemente völkerrechtswidrig.« Doch was wäre, wenn diese Vorgaben wirklich befolgt würden? Wenn auf der ganzen Welt Frieden herrschte?

Weniger Kriege, mehr Militärausgaben

Kriege zwischen zwei oder mehr Staaten sind seit 1945 weltweit zurückgegangen, ebenso die durch sie verursachten Tode. Die Zahl bewaffneter Konflikte – ohne staatliche

Armeen –, nahm bis in die Neunzigerjahre zu, seitdem ist sie rückläufig wie auch die Zahl der Menschen, die durch solche Konflikte sterben. Trotzdem sind die Militärausgaben weltweit so hoch wie seit dem Zweiten Weltkrieg nicht mehr: Laut einem Bericht des schwedischen Friedensforschungsinstituts Sipri waren es 2017 rund 1,6 Billionen Euro. Die USA führen die Liste mit 544 Milliarden Euro an, China folgt mit 203 Milliarden, Deutschland liegt mit 38,4 Milliarden Euro auf Platz neun. Die Rüstungsausgaben machen hierzulande etwa 1,2 Prozent des Bruttoinlandsprodukts (BIP) aus, in den USA sind es 3,1 Prozent. Spitzenreiter sind Oman (12,1 Prozent) und Saudi-Arabien (10,3 Prozent).

Doch selbst wenn plötzlich Weltfrieden herrschte, wäre nicht sicher, ob diese Ausgaben komplett aus den staatlichen Budgets verschwänden und für andere Aufgaben zur Verfügung stünden. Das hinge davon ab, ob dieser Frieden unumstößlich garantiert wäre oder nur auf gegenseitiger Abschreckung beruhte. Außerdem werden Armeen in vielen Ländern schon jetzt auch für zivile Zwecke eingesetzt, sei es Katastrophenschutz, Amtshilfe für Behörden oder Grenzsicherung.

Frieden rechnet sich

Militärausgaben sind nicht die einzigen Kosten eines Krieges. Siri Rustad, Forschungsdirektorin am Peace Research Institute Oslo: »Egal ob wir von offiziellen Kriegen sprechen oder von bewaffneten Konflikten wie Bürgerkriegen, die Kosten für die Gesellschaft sind enorm. Schulen werden bombardiert, Krankenhäuser zerstört – das alles wirft die

Entwicklung eines Landes zurück und beeinflusst den Wohlstand meist stärker als die reinen Militärausgaben.«

Das Institute for Economics and Peace, ein australischer Thinktank, hat errechnet, dass gewalttätige Auseinandersetzungen die Weltgemeinschaft 2017 insgesamt 14,8 Billionen Dollar gekostet haben. Das entspricht 12,4 Prozent des weltweiten BIP oder 1988 Dollar pro Erdenbürger. Seit 2012 seien diese Kosten um 16 Prozent gestiegen – das liege vor allem an dem Bürgerkrieg in Syrien und dem Erstarken der Terrorgruppe Islamischer Staat.

Frieden lohnt sich laut der Studie: Während der vergangenen 60 Jahre sei das Pro-Kopf-Wirtschaftswachstum in Ländern, in denen Frieden herrschte, dreimal höher gewesen als in solchen, in denen das nicht der Fall war. In den vergangenen zehn Jahren habe sich dieser Unterschied auf den Faktor sieben erhöht. Syrien, Afghanistan und Irak litten am stärksten: Diese Länder hätten 51 bis knapp 69 Prozent ihres BIP durch gewalttätige Konflikte eingebüßt.

Ein Gewehrlauf, neun Autokotflügel

Eine Auflösung oder starke Reduzierung des Militärapparats hätte auch Auswirkungen auf den Arbeitsmarkt. »Weil der Bedarf an Rüstungsgütern sank, gab es nach dem Zweiten Weltkrieg vielerorts, auch unabhängig von Kriegsschäden, hohe Arbeitslosigkeit«, sagt Siri Rustad. »Eine komplette weltweite Demilitarisierung würde wohl erst mal zu einem starken wirtschaftlichen Abschwung führen, auch wenn die meisten westlichen Länder davon weniger betroffen wären, da ihre Volkswirtschaften besser diversifiziert sind.« In den USA waren Ende Februar 2019 beispielsweise knapp 1,4 Millionen Menschen im aktiven Militärdienst, dazu kommen etwa 800 000 Reservisten. Weitere zwei Millionen Amerikaner arbeiten in der Rüstungsindustrie.

Louis Uchitelle, ein ehemaliger Wirtschaftsredakteur der *New York Times*, rechnet in seinem Buch »Making It – Why Manufactoring Still Matters« vor, dass Rüstungsgüter ungefähr zehn Prozent der 2,2 Billionen Dollar Wirtschaftsleistung der amerikanischen Fabriken ausmachen. Bestellt werden sie vor allem vom US-Verteidigungsministerium. »Auf neun in amerikanische Fabriken produzierte Autokotflügel kommt ein Gewehrlauf«, schreibt Uchitelle und weist darauf hin, dass die öffentliche Hand viele dieser Fabriken mit Steuervergünstigungen, kostenlosem Bauland und sonstigen Subventionen fördert, in der Hoffnung, dass diese Arbeitsplätze gewähren.

Beilegung grundlegender Konflikte nötig

Aber auch für andere Branchen würde sich etwas ändern, sagt die Friedensforscherin Siri Rustad, zum Beispiel für die Erdölindustrie. »Fördergegenden wie das Nigerdelta oder der Sudan sind aktuell ziemlich gefährlich. Würde überall Frieden herrschen, wäre die Arbeit dort weniger riskant und es könnten größere Mengen günstiger gefördert werden.« Allerdings sei das Öl in vielen Fällen der Grund für die Auseinandersetzungen. »Generell wäre es wichtig, das Geld, das durch Demilitarisierung gespart wird, in die Beilegung der grundlegenden Konflikte zu stecken, also etwa um Ungleichheit zu reduzieren.«

In einer friedlichen Welt fiele ein wesentlicher Grund für Migration weg: 68,5 Millionen Menschen waren 2017 wegen bewaffneter Konflikte auf der Flucht. Vor zehn Jahren waren es laut dem Flüchtlingshilfswerk der Vereinten Nationen nur halb so viele. In den zehn Staaten mit den größten Fluchtbewegungen herrschte Krieg oder ein bewaffneter Konflikt. »Grundsätzlich wäre es natürlich gut, wenn die Migration aufgrund von Krieg und Gewalt aufhörte«, sagt Rustad. Aber: Es gäbe nach wie vor Gründe, weshalb Menschen ihre Heimat verlassen – Wassermangel etwa oder andere Folgen der Erderwärmung. Außerdem seien unter anderem viele europäische Länder auf Einwanderer angewiesen.

Militärischer Erfindungsgeist

Der Krieg hat einiges hervorgebracht: Schwarzpulver, Funkgeräte, plastische Chirurgie oder das Internet – viele Innovationen wurden vom oder für das Militär erfunden oder von diesem vorangetrieben. Möglicherweise könnte sich dies in einer friedlichen Welt verlangsamen, sagt Rustad. Aber sie glaube nicht, dass der Effekt groß wäre. »Ich habe bereits jetzt den Eindruck, dass mehr Innovationen ohne militärische Hilfe entstehen als beispielsweise zur Zeit des Kalten Krieges.«

WAS WÄRE, WENN ...

es nur noch selbstfahrende Autos gäbe?

Um den Jahreswechsel herum will Waymo, eine Tochterfirma der Google-Mutter Alphabet erstmals die Öffentlichkeit ihre selbstfahrenden Autos nutzen lassen. In Phoenix, Arizona, wo das Unternehmen bereits seit einem Jahr die autonomen Fahrzeuge mit rund 400 Testfamilien erprobt, sollen sie per App bestellt werden können. Auch in Kalifornien hat Waymo die Genehmigung für ein ähnliches Projekt erhalten.

Was aber würde passieren, wenn sich die autonomen Fahrzeuge irgendwann überall durchsetzten? Was wäre, wenn es eines Tages nur noch selbstfahrende Autos gäbe?

Robotaxis trinken nicht

94 Prozent aller ernsthaften Autounfälle gehen nach Auskunft der amerikanischen National Highway Traffic Safety Administration (NHTSA) auf menschliches Versagen zurück: Da selbstfahrende Autos nicht trinken, einschlafen oder SMS schreiben und generell defensiver fahren als Menschen, dürfte die Zahl der Unfälle stark zurückgehen.

Die Beratungsfirma McKinsey geht davon aus, dass selbstfahrende Autos mindestens 90 Prozent aller Autounfälle verhindern. Das führte allein in den USA zu Einsparungen von 190 Milliarden Dollar bei Schäden und Gesundheitskosten.

Auch das Geschäft der Versicherungen würde sich ändern. Die Gesellschaften hätten es weniger mit Einzelpersonen und stattdessen mehr mit Firmen zu tun, die große Flotten an Robotaxis zur zeitlich begrenzten Benutzung anböten. Eine Studie der UBS-Bank prognostiziert, dass die Kosten pro gefahrenem Kilometer von 0,65 Euro, die ein Privatauto heute durchschnittlich verursacht, durch Robotaxis auf weniger als 0,40 Euro sinken würden.

Nicht automatisch das Ende des eigenen Autos

Trotzdem bedeute das nicht, dass am Ende niemand mehr ein eigenes Auto besitze, sagt Karsten Lemmer, Vorstand für Energie und Verkehr im Deutschen Zentrum für Luft- und Raumfahrt: »Auch in Zukunft wird es Menschen geben, denen ein eigenes Auto wichtig ist – sei es, weil sie ihre Skiausrüstung darin liegen lassen wollen, weil sie nicht riskieren möchten, in ein von Fremden vollgekrümeltes Auto zu steigen, oder weil sie einfach sicherstellen wollen, dass zu jeder Zeit ein Auto zur Verfügung steht.« Lemmer ist Mitglied des Runden Tisches für Autonomes Fahren des Bundesverkehrsministeriums. Er geht davon aus, dass es nur eine Frage der Zeit ist, bis komplett selbstfahrende Autos technisch sicher möglich sind. »Das Bild der Städte wird sich dann sehr verändern«, sagt er. »Es wird keine Ampeln mehr geben, dafür viele dezidierte Ein- und Ausstiegspunkte statt endloser Reihen geparkter Autos am Straßenrand.«

Rund 95 Prozent der Zeit werden Autos derzeit nicht benutzt, sondern stehen herum. Das würde sich durch Autos, die nur bei Bedarf bestellt werden, ändern. Sie könnten zum Aufladen (die meisten Szenarien gehen von elektrischen Modellen aus) in Vororte fahren und dort platzsparend gestapelt werden.

Während die Zahl der Parkplätze schrumpfte, nähme der Verkehr wohl zu. »Zum einen, weil durch die schiere Bequemlichkeit die Nutzung steigen könnte und weil plötzlich Kinder, Alte oder Menschen mit Handicaps, die nicht Autofahren können, die autonomen Fahrzeuge nutzen werden«, sagt Lemmer. »Zum anderen, weil Leerfahrten dazukommen. Wenn Energie billig und grün und Parken teuer ist, könnten Menschen ihre autonomen Fahrzeuge immer um den Block fahren lassen, um das Fahrzeug ständig in der Nähe verfügbar zu haben.«

Wartungskräfte statt Taxifahrer

Auch Forscher der Universität von Michigan kamen zu dem Ergebnis, dass der Energieverbrauch von selbstfahrenden Autos insgesamt höher sein wird, da mehr Fahrten unternommen werden. Pro Kilometer dürfte der Energieverbrauch hingegen sinken, da durch miteinander kommunizierende Fahrzeuge ein gleichförmiger Verkehrsfluss gewährleistet wäre. Zudem würde Verkehr wegfallen, der durch Parkplatzsuche entsteht.

Berufe wie Taxifahrer, Chauffeur oder Fernfahrer würden

überflüssig. Dafür kämen neue dazu: Aufgrund der hohen Kilometerleistung der Fahrzeuge könnten Wartungsaufwand und Sicherheitsprüfungen zunehmen, außerdem bräuchte man zahlreiche Reinigungskräfte, die gemeinsam genutzte Fahrzeuge säubern.

Vom Einsitzer bis zum fahrenden Fitnessraum

Auch die Autohersteller müssten sich umstellen. Wie die Versicherungen hätten sie es häufiger mit Flottenbetreibern zu tun. Hinzu kämen komplett neue Gestaltungsmöglichkeiten. Während heutige Designer von einem menschlichen Fahrer ausgehen, der nach vorn schauen muss und Dinge wie Rückspiegel oder Lenkrad braucht, könnten die Robotaxis von morgen ganz anders aussehen. »Statt einer Allround-Lösung könnte es fensterlose Modelle für reinen Warentransport, Einsitzer für Kurzstrecken oder komfortable Fahrzeuge für den Familienurlaub geben«, sagt Lemmer. Speziell eingerichtete Fahrzeuge, in denen der Passagier die Fahrzeit zum Schlafen, Sporttreiben oder Arbeiten nutzen kann, sind ebenso denkbar wie Autos, in denen Dienstleister wie Sprachlehrer oder Psychotherapeuten sitzen.

Kritiker fürchten, selbstfahrende Autos könnten die individuelle Freiheit einschränken. Nicht nur würde jede Fahrt im Robotaxi aufgezeichnet, es wäre auch möglich, bestimmte Gegenden zu blockieren oder durch hohe Tarife zu diskriminieren. Autoritäre Regime könnten die Bewegungsfreiheit ihrer Bürger – oder bestimmter Gruppen – in einem Maß einschränken, wie es bei von Personen gelenkten Autos kaum möglich wäre.

Das Ende des öffentlichen Nahverkehrs?

Strittig ist, wie selbstfahrende Autos den öffentlichen Nahverkehr verändern. Manche fürchten, Bus und Bahn könnten durch günstige Robotaxis unattraktiv werden, andere gehen davon aus, dass Stadt- und Verkehrsplaner verhindern, dass alle Pendler auf Robotaxis umsteigen – etwa durch höhere Preise zu Stoßzeiten.

Darüber hinaus dürften sich auch die Städte wandeln: Wird Fahren komfortabler, werden Außenbezirke vielleicht als Wohngegend interessanter – und auch als Standort für Geschäfte, die sich bisher geballt in den Innenstädten befinden. Hotels müssten damit rechnen, dass potenzielle Gäste auf ihrer Geschäftsreise im Taxi statt bei ihnen schlafen, Garagen könnten plötzlich als Wohnraum genutzt werden.

Eine Institution hätte im Zeitalter selbstfahrender Autos wohl abgedankt: die Fahrschule. Es sei denn, es würde wieder schick, selbst ein Auto zu steuern – exklusiv, auf dafür zugelassenen Strecken.

WAS WÄRE, WENN ...

in Deutschland einen Monat lang der Strom ausfiele?

Ein Sonnensturm, dessen Eruptionen Transformatoren auf der Erde zerstören, wie 1989 im kanadischen Quebec geschehen. Ein Computerwurm wie Stuxnet, der in der Lage ist, die Steuerungstechnik von Kraftwerken lahmzulegen. Ein Hackerangriff auf vernetzte smarte Stromzähler. Szenarien, die zu einem großflächigen, länger andauernden Stromausfall führen könnten, sind zwar nicht sehr wahrscheinlich, aber denkbar. Was würde passieren, wenn in Deutschland einen Monat lang der Strom ausfiele?

Das große Chaos

Die ersten drastischen Folgen träten sofort ein: Menschen blieben in Liften eingeschlossen, U-Bahnen, Trams und die zumeist elektrisch betriebenen Fernzüge blieben stehen. Ampelanlagen fielen aus – zahlreiche Verkehrsunfälle, Staus und Chaos wären die Folge. »Klassische Analogtelefone, die nur in der Telefonbuchse stecken, würden eine kurze Zeit weiterhin funktionieren, aber die gibt es kaum noch«, sagt Maik Poetzsch, der für das Büro für Technikfolgenabschätzung beim Deutschen Bundestag (TAB) die bislang größte Studie zu einem großräumigen Ausfall der Stromversorgung mitverfasst hat.

»Moderne Telefone, auch Funktelefone mit Basisstation, wären nicht mehr funktionsfähig.« Mobiltelefone würden dank Akku noch so lange funktionieren, wie die Notstromversorgung der Sendemasten reicht, also noch ein paar Stunden. Doch vermutlich bräche vorher das Mobilfunknetz aufgrund von Überlastung zusammen, so Maik Poetzsch.

Die TAB-Studie stammt zwar aus dem Jahr 2011, die allermeisten Ergebnisse haben jedoch nach wie vor Gültigkeit. »In manchen Bereichen hat sich die Situation sogar eher verschlechtert«, sagt Poetzsch. »Das alte analoge Funknetz, mit dem Feuerwehr, Polizei und Rettungsdienste im Katastrophenfall kommunizieren, hatte eine Batteriepufferung von acht Stunden, das neue Digitalsystem nur noch von zwei Stunden.« Das Problem wurde inzwischen erkannt, und Bund, Länder und die zuständige Bundesanstalt haben eine sogenannte Netzhärtung beschlossen, die eine Funkversorgung der Einsatzkräfte von mindestens 72 Stunden gewährleisten soll.

Das Internet ist noch da, aber niemand kommt rein

»Das Internet selbst würde aufgrund seiner dezentralen Struktur weiterhin funktionieren«, sagt Poetzsch, »aber da die Router und Modems der Benutzer Strom benötigen und Smartphones die Mobilfunkmasten brauchen, würde es als

Kommunikationsmittel ausfallen.« Manche Zeitungsverlage und -druckereien verfügen über meist dieselbetriebene Notstromaggregate und könnten so in der Lage sein, Notausgaben zu drucken. Der wichtigste Informationskanal für die Bevölkerung dürfte jedoch der öffentlich-rechtliche Hörfunk werden, der in Notstudios produzieren und über batteriebetriebene Geräte empfangen werden kann.

Höchst problematisch wäre hingegen die Versorgung mit Lebensmitteln: »Die meisten Haushalte haben je nach Einkaufsverhalten Vorräte für zwei bis fünf Tage«, sagt Maik Poetzsch. »Die Waren in den Supermärkten reichen unseren Berechnungen nach für zwei bis fünf zusätzliche Tage – auch weil von Hamsterkäufen auszugehen ist.« Nach rund einer Woche wäre also mit Lebensmittelmangel zu rechnen.

Die »Bundesreserve Getreide« und die »zivile Notfallreserve«, die in Form von Tausenden Tonnen Weizen, Reis und Erbsen in geheim gehaltenen Hallen lagern, sind allenfalls dafür gedacht, einen kurzfristigen Versorgungsengpass zu überbrücken, nicht für eine längere Versorgung der gesamten Bevölkerung. Auf Nachschub im Handel wäre kaum zu hoffen: Ohne Kühlung und Durchlüftung verdürben Waren in den Zentrallagern binnen Tagen.

Tote Tiere, fehlendes Geld

In der Fleisch-, Milch- und Eierproduktion stürben Millionen von Tieren, wenn die Stalltechnik ausfällt, da sie von Hand längst nicht mehr versorgt werden könnten. Vorgeschrieben sind Notstromaggregate nur für lebenswichtige Dinge wie Futter und Wasser und auch dort nur für 24 Stunden. Selbst wenn die Supermärkte sich wieder füllten – die Menschen könnten für die Waren schon bald nicht mehr bezahlen, da bargeldlose Systeme ebenso ausfallen wie Geldautomaten. »Die Bundesbank wird voraussichtlich keine kontinuierliche Bargeldversorgung gewährleisten können«, so Poetzsch. Die grundsätzliche finanzielle Infrastruktur scheint hingegen relativ robust zu sein: So sind laut TAB-Bericht »der Daten- und Zahlungsverkehr zwischen den Banken, den Clearingorganisationen und den Börsen, die Datenhaltung sowie weitere kritische Geschäftsprozesse über eine lange Zeit durch Notstromversorgung gewährleistet beziehungsweise können in ein nicht betroffenes Gebiet ausgelagert werden«.

Auch Flughäfen sind eher unempfindlich: »Dort gibt es Notstromgeneratoren und Tausende Tonnen Flugbenzin, um sie zu betreiben«, sagt Poetzsch. »Trotzdem wird die Flugsicherung die meisten Flüge sperren und den öffentlichen Betrieb einstellen. Hilfslieferungen von außen einfliegen zu lassen dürfte Priorität haben. Das Problem wäre eher, diese Mengen abzutransportieren.« Denn Tankstellen, genauer gesagt ihre Treibstoffpumpen, funktionieren ohne Strom auch nicht. Treibstoff, den man durch mobile Generatoren aus den Tanks fördern würde, flösse sicherlich zunächst vordringlich in die Tanks von Rettungsfahrzeugen.

Wasser und Hilfsbereitschaft bleiben

Immerhin müsste niemand verdursten: Zwar gäbe es aufgrund des Ausfalls von Förderung, Aufbereitung und Verteilung kein fließendes Wasser mehr in den Haushalten, es stünden jedoch mehr als 5200 Trinkwassernotbrunnen zur Verfügung. 120 Liter, die ein Bundesbürger derzeit pro Tag verbraucht, bekäme jedoch niemand. Man kalkuliert mit deutlich bescheideneren 15 Litern.

Und was ist mit den psychischen Folgen? Hier ist der Forschungsbericht erstaunlich optimistisch: »Natürlich gäbe es eine große Verunsicherung, weil im Grunde alles ausfällt, was unseren Alltag heute prägt und strukturiert«, so Maik Poetzsch. »Sicherlich würden manche rücksichtsloser und aggressiver. Aber Erfahrungen mit anderen Katastrophen zeigen, dass auch schnell Eigenschaften wie Hilfsbereitschaft, Empathie und Zusammenhalt zutage träten.«

WAS WÄRE, WENN ...

sich die Erdtemperatur um zwei Grad Celsius erhöhte?

Als sich im Dezember 2018 die etwa 32 000 Klimaexperten, Politiker, Aktivisten, Wirtschaftsvertreter und Journalisten nach 14 Tagen hitziger Debatten im polnischen Kattowitz trennten, lautete ihr Fazit: 2 Grad. Auf 2 Grad Celsius, verglichen mit dem vorindustriellen Niveau, müsse der Anstieg der globalen Temperatur im Mittel begrenzt werden. Beim Weltklimaabkommen von Paris aus dem Jahr 2015 hatte die Übereinkunft noch einen Anstieg von »deutlich unter 2 Grad« vorgesehen, nach Möglichkeit 1,5 Grad. Doch was für einen Unterschied macht ein halbes Grad? Was würde passieren, wenn sich die Erde tatsächlich um zwei Grad Celsius erwärmte?

Deutschland hat es gut

In einem Sonderbericht von 2018 hatte sich der Weltklimarat (IPCC) deutlich für ein Ziel von 1,5 Grad Celsius ausgesprochen. Die Begründung: Eine Erwärmung um zwei Grad

Celsius hätte aufgrund von Kippeffekten deutlich drastischere Folgen für Artensterben, Extremwetter, die menschliche Gesundheit und den Anstieg der Meeresspiegel. »Der IPCC-Report ist höchst relevant, denn es ist der einzige von der Völkergemeinschaft beauftragte Bericht, den es überhaupt jemals gab«, sagt Reimund Schwarze, Klimaökonom am Leipziger Helmholtz-Zentrum für Umweltforschung (UFZ). »Gleichzeitig muss man wissen, dass Deutschland im Vergleich zu anderen Regionen in einer Gunstzone des Klimawandels liegt.«

Eine weltweite Erwärmung von 2 Grad bedeute zwar eine Erwärmung in Deutschland von 2,5 bis 3 Grad, selbst das sei jedoch noch vergleichsweise unproblematisch. »Trockenheit und Niedrigwasser wären auch dann noch kein Problem«, sagt Schwarze. »Deutschland würde aufgrund der Grundwasserkapazitäten und Niederschläge immer noch kein Wassermangelgebiet. Aber das wirkliche Problem sind die Rückwirkungen aus den Regionen der Welt, die viel stärker betroffen sein werden.«

Überschwemmungen, Hitzewellen, tote Korallen

So geht der IPCC-Report etwa davon aus, dass bei einer Erderwärmung von 2 Grad Celsius das Überschwemmungsrisiko durch Flüsse für mehr als 20 Prozent der weltweiten Landfläche deutlich zunähme. Der mittlere Meeresspiegel stiege jedes Jahr um vier bis acht Millimeter. So gut wie alle weltweit noch verbliebenen Korallenriffe stürben durch die sogenannte Korallenbleiche, die bei zu hohen Wassertemperaturen auftritt.

Die Wahrscheinlichkeit, dass ein Jahr so heiß wird wie das globale Hitzerekordjahr 2016, stiege auf etwa 90 Prozent. Das bedeutet: Statistisch würden also in etwa neun von zehn Jahren diese Rekordwerte erreicht oder sogar übertroffen. Die Wahrscheinlichkeit, dass es zu einer Hitzewelle kommt wie im Sommer 2003, die in Europa Zehntausende Todesopfer forderte, läge Jahr für Jahr bei mehr als 50 Prozent.

»Wir haben jedoch schon gelernt, besser mit diesen Hitzewellen umzugehen«, sagt der Klimaexperte Schwarze. »So viele Menschen wie 2003 sind in den vergangenen Jahren trotz ähnlicher Temperaturen nicht gestorben. Das liegt vor allem an der verbesserten Infrastruktur und einem erhöhten Bewusstsein zum Beispiel in Krankenhäusern und Pflegeheimen.«

Deshalb sind auch Prognosen mit Vorsicht zu genießen, die allein aus bisherigen Korrelationen von Temperaturen und Todesfällen eine Verdreifachung der Hitzetoten vorhersagen, wie sie der Forscher Shakoor Hajat für Großbritannien errechnete.

Dass der Klimawandel insgesamt Gesundheitsprobleme mit sich bringt, ist unter Experten hingegen unstrittig. So begünstigen höhere Temperaturen und mehr Feuchtigkeit beispielsweise in bestimmten Gebieten die Entstehung von Denguefieber, Cholera und Malaria, wie es im Report »Countdown on health and climate change« des medizinischen Fachmagazins *The Lancet* heißt. »Trends des Klimawandels zeigen ein inakzeptabel hohes Risiko für die aktuelle und zukünftige Gesundheit der Bevölkerung auf der ganzen Welt«, so lautet die Einschätzung der Studie, die von über 20 internationalen Forschungseinrichtungen und der WHO erstellt wird.

Manche Regionen profitieren

Es gäbe allerdings auch Regionen auf der Erde, denen eine moderate Klimaerwärmung nützen könnte. Aufgrund der Verteilung der Landmasse sind diese äquatorfernen Gebiete jedoch fast nur auf der Nordhalbkugel zu finden. Alaska, Kanada, Grönland, Russland und Skandinavien könnten von einem milderen Klima profitieren, wenn dort neue Flächen urbar würden. Dass dies die Ertragsverluste in südlicheren Gefilden ausgleichen könnte, ist jedoch unwahrscheinlich.

Am härtesten von einer Erderwärmung von 2 Grad betroffen wären Inselstaaten, tief liegende Küstengebiete und Flussdeltas. »Egal wie unterschiedlich manche Studien ausfallen mögen, bei Regionen wie Bangladesch oder den Seychellen sind sich alle einig, dass diese mit großer Sicherheit hohen Risiken ausgesetzt sind«, sagt Reimund Schwarze. »Diese Risiken reichen von der Versalzung des Grundwassers und der Böden über Zyklon-Wirbelstürme bis zu ständigen Überschwemmungen.«

Auch dort passen sich die Menschen den sich ändernden Bedingungen an: Schon jetzt findet Unterricht auf Schulbooten statt, viele Bauern nutzen schwimmende Felder, auf denen sich Okraschoten oder Spinat züchten lassen. In Gegenden, wo Versalzung Reisernte oder Viehzucht unmöglich macht, entstehen Garnelenfarmen.

Insgesamt ist der Unterschied zwischen einer Erwärmung der Erde um 1,5 Grad und einer um 2 Grad jedoch sehr viel gravierender, als man zunächst aufgrund der winzigen Differenz annähme.

WAS WÄRE, WENN ...

deutsche Supermärkte keine Lebensmittel mehr wegwerfen dürften?

Abgelaufener Joghurt, braun gepunktete Bananen – viele Lebensmittel landen in der Mülltonne, obwohl man sie noch essen könnte. Wie groß die Verschwendung ist, veranschaulicht ein Beispiel: Wollte man die Welt mit ausschließlich biologisch angebauter Nahrung versorgen (siehe »Was wäre, wenn ... es nur noch biologische Landwirtschaft gäbe?«), wäre einer der ersten notwendigen Schritte, deutlich weniger Lebensmittel wegzuwerfen. Aber was wäre, wenn es wirklich ein Verbot gäbe? Wenn Supermärkte Lebensmittel nicht mehr wegschmeißen dürften?

Haushalte werden deutlich mehr weg

Laut den Vereinten Nationen wird weltweit ungefähr ein Drittel der produzierten Nahrung verschwendet, das entspricht jährlich in etwa 1,3 Milliarden Tonnen. Während Menschen im Süden Afrikas und in Süd- und Südostasien im Schnitt pro Jahr sechs bis elf Kilogramm wegwerfen, sind es in Europa und Nordamerika dagegen 95 bis 115 Kilogramm.

In Deutschland fielen 2015 nach Erhebungen des Johann-Heinrich-von-Thünen-Instituts 52 Prozent der weggeworfenen Lebensmittel im Haushalt an, 18 Prozent im Prozess ihrer Verarbeitung und 14 Prozent in der Gastronomie. Landwirtschaft und Fischerei produzieren 12 Prozent der Abfälle, darauf folgen Supermärkte mit vier Prozent.

»Dabei sind allerdings nicht die Waren eingerechnet, die vom Handel nicht angenommen werden«, sagt Felicitas Schneider, die sich für das Thünen-Institut schon lange mit dem Thema beschäftigt. Wenn einem Supermarkt die Weintrauben nicht mehr knackig genug vorkommen und er sie an den Erzeuger zurückgehen lässt, werden sie nicht dem Handel zugerechnet.

Mehr Spenden für die Tafeln, aber schlechtere

Die WWF-Studie »Das große Wegschmeißen« schätzt, dass 14 Prozent der Abfälle auf den Handel entfallen und 39 Prozent auf die Haushalte. Auch diese Zahlen legen nahe, dass ein Wegwerfverbot für Supermärkte allein das Abfallproblem nicht lösen könnte.

»Es ist trotzdem nicht falsch, bei den Supermärkten anzusetzen, da dort oft Lebensmittel vernichtet werden, die verpackt und somit gut transportiert und weitergegeben werden können«, sagt Schneider. »Abfälle, die in der Produktion oder Verarbeitung anfallen, kann man oft nur abpumpen und allenfalls kompostieren oder an Tiere verfüttern.«

In Frankreich gibt es seit 2016 ein Gesetz, das Supermärkten mit einer Ladenfläche von 400 Quadratmetern oder mehr verbietet, noch verzehrfähige Lebensmittel in den Müll zu werfen. Sie müssen entweder an wohltätige Organisationen gespendet oder – wenn die Qualität dafür nicht mehr ausreicht – zu Tierfutter oder Kompost verarbeitet werden. Seit Inkrafttreten dieses Gesetzes bekommen Tafeln und andere wohltätige Organisationen rund 20 Prozent mehr Lebensmittel. Allerdings klagen sie nun auch darüber, dass die Qualität der Spenden nachgelassen habe.

»Es ist grundsätzlich heikel, wenn Supermarktmitarbeiter bewerten sollen, was noch gut genug ist, um es an Bedürftige abzugeben«, sagt Felicitas Schneider. »Wenn dann auch noch Strafen drohen, kann es passieren, dass Lebensmittel gespendet werden, die eigentlich nicht mehr zumutbar sind.«

Für die verschiedenen Organisationen, die die Spenden erhalten, arbeiten viele Freiwillige. Mehr Lebensmittel bedeuten für sie also auch einen größeren Bedarf an Helfern, Lagerräumen, Fahrzeugen und Kraftstoff. »Für einen abgelegenen Supermarkt auf dem Land kann es da durchaus sinnvoller sein, die Lebensmittel an den Bauern oder an eine Biogasanlage in der Nachbarschaft zu geben, als jemanden aus der Stadt zum Abholen für die Tafel vorbeizuschicken«, sagt Schneider.

Ein Spendenzwang könnte ihrer Meinung nach außerdem dazu führen, dass mehr Lebensmittel bei den Tafeln landen, als diese weitergeben können. »Brot ist jetzt schon oft zu viel vorhanden, in anderen Bereichen gibt es dagegen zu wenig.« Dass Supermärkte zahlende Kunden verlieren könnten, wenn sie an die Tafeln sehr viele Lebensmittel gratis verteilen, befürchtet sie nicht.

Zusätzlicher Anreiz, Überproduktion zu vermeiden

Im Positiven könnte ein Wegwerfverbot bewirken, dass Supermärkte und Discounter sich stärker bemühen, Überschüsse erst gar nicht entstehen zu lassen. In Frankreich sind durch das Gesetz neue Dienstleister entstanden, die den Händlern helfen, besser zu berechnen, wann sie wie viel von welcher Ware vorrätig halten müssen. »Es ist sehr komplex, zwei bis drei Tage im Voraus präzise abzuschätzen, welche Waren sich wie gut verkaufen«, sagt Schneider. »Moderne Anwendungen, die Vorjahreszahlen, aber auch Wetterprognosen, Feiertage und Events wie Fußballspiele einbeziehen, können dabei helfen.«

Außerdem könnte ein solches Gesetz die Einführung digitaler Preisschilder beschleunigen – diese vereinfachen es, Überbestände durch kurzfristige Reduzierungen abzuverkaufen.

In Frankreich müssen Waren dem Gesetz zufolge zwei Tage vor Ablauf des Mindesthaltbarkeitsdatums aus den Regalen geräumt und gespendet werden. »Damit sendet man allerdings das Signal, dass dieses Datum der Termin ist, an dem die Lebensmittel verderben«, sagt Schneider. Das könne auch dazu führen, dass Menschen zu Hause Lebensmittel wegwerfen, obwohl sie diese noch essen könnten.

Die Verschwendung im Supermarkt zu reduzieren, um sie zu Hause zu fördern, ist natürlich nicht erstrebenswert. Vielleicht ist der italienische Weg deshalb der vielversprechendere: Dort werden Supermärkte unter anderem mit Steuererleichterungen zum Spenden ermutigt.

WAS WÄRE, WENN ...

die Buchpreisbindung abgeschafft würde?

Ob Sandalen, Sandwichtoaster, Golfschläger oder Cabrios: Schnäppchenjäger können heute bei fast allem sparen. Schlussverkäufe, Rabatt-Aktionen und Preisvergleichs-Websites erleichtern das. Nur bei Büchern muss – von sogenannten Mängelexemplaren und Altauflagen abgesehen – stets der volle Preis bezahlt werden. Denn der Verlag schreibt ihn für alle Händler verbindlich vor. Seit 1888 gilt für jedes Buch in Deutschland ein Einheitspreis. Was wäre, wenn es diese Buchpreisbindung nicht mehr gäbe?

Wirtschaftliche Sonderstellung fürs Kulturgut Buch

Theoretisch betrachtet, entstünde ein effizienterer Markt. Denn die freie Marktwirtschaft wird durch den fehlenden Preiswettbewerb stark eingeschränkt. Der Einheitspreis wird damit gerechtfertigt, dass es sich bei Büchern um ein besonders schützenswertes Kulturgut mit einer wirtschaftlichen Sonderstellung handle. Die Preisbindung helfe dabei, ein vielfältiges Angebot an Titeln und eine flächendeckende Versorgung durch kleinere Buchhandlungen sicherzustellen.

Mit 9,3 Milliarden Euro Umsatz ist der deutsche Buchmarkt nach dem US-amerikanischen der zweitgrößte der Welt. Er könnte schrumpfen, wenn die Buchpreisbindung abgeschafft würde. Davon geht zumindest Georg Götz aus, Volkswirtschaftler an der Justus-Liebig-Universität Gießen. In diesem Szenario gäbe es weniger unabhängige Buchhandlungen, sagt er. »Und weniger Buchhandlungen bedeuten weniger verkaufte Bücher. Unter anderem, weil Spontankäufe entfallen.«

Götz hat mit Handelsdaten des Börsenvereins des Deutschen Buchhandels untersucht, welche Auswirkungen die Buchpreisbindung hat. Dazu verglich sein Team unter anderem Zahlen aus Deutschland und Großbritannien, wo die Buchpreisbindung Mitte der Neunzigerjahre abgeschafft wurde.

Bestseller würden billiger, der Rest teurer

Eine Erkenntnis: Nicht nur die Zahl der unabhängigen Buchhandlungen würde sich verändern, sondern auch die Preise. Bestseller würden ohne Preisbindung günstiger, alle anderen Bücher teurer. »Harry-Potter-Bände wurden in britischen Supermarktketten zu Tiefstpreisen verschleudert, um die Menschen mit solchen Lockvogelangeboten in die Märkte zu bekommen«, sagt er. Insgesamt seien die Buchpreise von 1996 bis 2018 in Großbritannien aber um 80 Prozent gestiegen. In Ländern mit Buchpreisbindung wie Frankreich oder Deutschland dagegen nur um 24 und 29 Prozent.

Zu einem anderen Schluss kam die deutsche Monopolkommission, die das Thema 2018 in einem Sondergutachten beleuchtete. Darin bezeichnet sie die Buchpreisbindung als einen »schwerwiegenden Markteingriff, dem ein nicht klar definiertes kulturelles Schutzziel ›Kulturgut Buch‹ gegenübersteht«. Ihre Auswirkungen seien »ambivalent beziehungsweise unklar«. Auch ein freier Preiswettbewerb könne das Kulturgut Buch schützen, zum Beispiel durch effizientere Handelsstrukturen oder alternative Vertriebskonzepte.

Ein Verstoß gegen EU-Recht?

Außerdem sei die Buchpreisbindung – ähnlich wie die vom Europäischen Gerichtshof gekippte deutsche Preisbindung für verschreibungspflichtige Arzneimittel – ein Verstoß gegen EU-Recht. Andreas Fuchs, geschäftsführender Direktor des Instituts für Handels- und Wirtschaftsrecht an der Universität Osnabrück, bezweifelt das: Er hält die Buchpreisbindung für vereinbar mit EU-Recht. Seine Begründung: »Ausländischen Versandunternehmen wird der Zugang zum deutschen Buchmarkt nicht erschwert.« Zudem reiche der Schutz des Kulturguts Buch als Grund, um den Preiswettbewerb zwischen Händlern auszuschalten. Den Verlagen dagegen steht es frei, über Preise miteinander zu konkurrieren. Sie dürfen die Preise für jedes Buch so festlegen, wie sie wollen.

Der Bundestag entschloss sich 2018, der Empfehlung der Monopolkommission nicht zu folgen, und hielt einstimmig an der Buchpreisbindung fest. Ihre Befürworter argumentieren oft, nur mit ihr sei eine Vielfalt an Titeln sicherzustellen. Denn sie bringe Verlage dazu, mit den Gewinnen aus Bestsellern die unbekannteren Titel kleinerer Autoren querzusubventionieren. Ein Wegfall der Preisbindung würde also zu einem auf rein kommerziellen Mainstream getrimmten Massenmarkt führen.

Doch in der Musikbranche – die wie die Buchverlage Produkte mit hohen Fix- und niedrigen Grenzkosten verkauft – werden ohne jede Preisbindung mit wenigen Hits eine große Menge an Flops mitfinanziert.

Mehr Titel, weniger kleine Buchläden

Auch in Großbritannien zeigte sich: Statt zu sinken, stieg die Zahl der veröffentlichten Buchtitel, nachdem die Preisbindung abgeschafft worden war. Allerdings verloren unabhängige Buchläden Marktanteile: 1998 hatten sie 20 Prozent, 2006 nur noch neun Prozent. Und während sich die Zahl der unabhängigen Buchläden dort von 1995 bis 2001 um rund zwölf Prozent verringerte, waren es in Deutschland von 1995 bis 2002 nur drei Prozent.

Ein weiteres Land, das die Preisbindung abgeschafft hat, ist die Schweiz. Dort wurde sie 2007 vom Bundesgericht als wettbewerbswidrig eingestuft, eine Wiedereinführung scheiterte 2012 bei einer Volksabstimmung. Zu einem freien Markt hat das aber nicht geführt: In der Schweiz werden Buchverlage inzwischen direkt vom Staat gefördert.

Ein Vorteil der deutschen Buchpreisbindung dürfte jedoch unbestreitbar sein: Sie erspart selbst den hartgesottensten Schnäppchenjägern viel Zeit – weil diese statt stundenlang Preise zu vergleichen, einfach zuschlagen können. Ohne Angst, möglicherweise einen niedrigeren Preis übersehen zu haben.

WAS WÄRE, WENN ...

es in Deutschland eine Zuckersteuer gäbe?

Zucker zaubert Energie« schwärmte 1954 eine Fernsehwerbung im Wirtschaftswunderdeutschland. Die Industrie versprach darin, dank Zucker bleibe man schlank »wie eine Pinie« und schlussfolgerte: »Nimm deshalb mehr!« Heute würde das keiner mehr behaupten. In Deutschland sind mehr als die Hälfte der Erwachsenen und 15 Prozent der Kinder und Jugendlichen übergewichtig – auch weil sie zu viel Süßes essen. Statt der von der Weltgesundheitsorganisation (WHO) empfohlenen 25 Gramm Zucker pro Tag, verzehrt der Durchschnittsbürger 90 Gramm. Immer wieder gibt es deshalb Forderungen nach einer Sondersteuer auf extrem zuckerhaltige Lebensmittel, wie beispielsweise Limonaden. Was wäre, wenn Deutschland eine solche Steuer bekäme?

Steuer kann schon vor der Einführung wirken

Wie bei allen Steuern, die das Verhalten der Menschen beeinflussen sollen, sollte man sich die Konkurrenz zweier Ziele vor Augen führen. Hohe Steuereinnahmen, mit denen man Gesundheitsprojekte unterstützen könnte, setzen voraus, dass die Menschen weiterhin viel Zucker konsumieren. Tun sie das nicht, bringt die Steuer kaum Geld.

Was eine Zuckersteuer bewirken kann, zeigt das Beispiel Großbritannien. Dort wurde mit der »Soft Drinks Industry Levy« eine Steuer auf zuckerhaltige Getränke eingeführt: 18 Pence pro Liter bei mehr als 50 Gramm Zucker pro Liter und 24 Pence bei mehr als 80 Gramm. Zwischen der Ankündigung der Abgabe 2016 und der Einführung 2018 hatten bereits mehr als die Hälfte aller Hersteller den Zuckergehalt ihrer Getränke reduziert und dadurch 45 Millionen Kilo Zucker pro Jahr eingespart. Dadurch beliefen sich die Steuereinnahmen nur auf 240 Millionen Pfund. Die Regierung war von 520 Millionen Pfund pro Jahr ausgegangen.

Das bedeutete wiederum, dass weniger Geld für die Schulsportanlagen und gesünderen Schulfrühstücke zur Verfügung stand, die mit den Steuereinnahmen finanziert werden sollten.

Der Konsum sinkt tatsächlich, wenn auch moderat

Nicht nur bei der Herstellung, sondern auch an der Ladenkasse wirkt sich die Steuer aus: »Modellrechnungen und bisherige Erhebungen gehen davon aus, dass jede Erhöhung des Preises unmittelbare Auswirkungen auf den Konsum hat«, sagt Carolin Krieger, Expertin für Lebensmittelpolitik beim Verbraucherzentrale Bundesverband (VZBV). »In Frankreich hat beispielsweise eine 2011 eingeführte Steuer den Konsum von Süßgetränken um durchschnittlich zwei Prozent sinken lassen. Bei Haushalten mit einem hohen Verbrauch an gezuckerten Getränken lag der Rückgang mit 9,7 bis 11,4 Prozent noch deutlich höher.« Auch in Mexiko haben mehrere Untersuchungen nachgewiesen, dass der Konsum von zuckerhaltigen Getränken infolge einer 2014 eingeführten Steuer um bis zu 12 Prozent sank. Gezuckerte Getränke waren durchschnittlich um etwa 10 Prozent teurer geworden – von den Einnahmen finanzierte die Regierung Wasserspender in Schulen.

Laut der WHO wächst der Effekt mit der Höhe der Steuer: 20 Prozent Preisaufschlag etwa bedeuteten durchschnittlich 20 Prozent weniger Konsum. Das könnte dabei helfen, Krankheiten wie Adipositas und Diabetes zu vermeiden. Eine Studie der New Yorker Columbia University kommt zu dem Ergebnis, dass eine Steuer von 34 Cent pro Liter den Konsum von zuckerhaltigen Getränken um 15 Prozent senken würde. Dadurch würden in den USA im Lauf von zehn Jahren rund 95 000 koronare Herzerkrankungen, 8000 Schlaganfälle und 26 000 weitere vorzeitige Todesfälle verhindert. Das Ausmaß an Diabetes würde so stark sinken, dass krankheitsfreie Zeit in Höhe von insgesamt 2,4 Millionen Jahre gewonnen würde. Außerdem würden Steuern in Höhe von 13 Milliarden Dollar eingenommen.

Kennzeichnung und Werberegulierung ebenfalls wichtig

Die Verbraucherschützerin Carolin Krieger ist vorsichtiger als die amerikanischen Forscher: »Bisherige Zuckersteuern sind fast immer mit einer verbesserten Kennzeichnung und strengerer Werberegulierung einhergegangen«, sagt sie. »Man kann gesundheitliche Verbesserungen deshalb nicht allein auf die jeweilige Steuer zurückführen, sondern muss den ganzen Kanon an Maßnahmen betrachten.« Der Verbraucherzentrale Bundesverband hält daher die alleinige Einführung einer Zuckersteuer für weniger sinnvoll als ein Maßnahmenpaket, das vor allem auch strengere Regeln für Produkte umfasst, die gezielt an Kinder verkauft werden.

Man könnte zum Beispiel damit anfangen, den veralteten Leitsatz des Deutschen Lebensmittelbuchs auszuhebeln, der vorschreibt, dass Limonaden mindestens sieben Prozent Zucker enthalten müssen, um als solche bezeichnet zu werden. Im Jahr 2019 wurde das Hamburger Start-up Lemonaid abgemahnt, weil es eines seiner Getränke Limonade nannte, obwohl es nur sechs Prozent Zucker aufwies.

Und was ist mit Salz und Fett?

Eine Zuckersteuer nur für Getränke berücksichtigt jedoch die ebenso hohen Gesundheitsrisiken durch andere Produkte nicht. Weitete man die Steuer auf alle zuckerhaltigen Nahrungsmittel aus, wäre es wahrscheinlich, dass Hersteller die Rezepturen um Fett oder Salz anreicherten, um denselben Geschmack zu erzielen.

Wollte man dies verhindern, müsste man noch viele weitere Steuern erheben – die alle den Nachteil hätten, dass sie ärmere Menschen stärker beträfen als wohlhabende.

WAS WÄRE, WENN ...

es keine Schwarzarbeit gäbe?

Von der Putzhilfe bis zum befreundeten Fliesenleger, der das Badezimmer am Wochenende kachelt; vom Kellner, der seinen Lohn am Abend bar auf die Hand bekommt, bis zur Großbaustelle, auf der nur ein Teil der Arbeiter angemeldet ist: Schwarzarbeit hat viele Gesichter. Sie findet im großen wie im kleinen Stil statt, in Privathaushalten ebenso wie in Unternehmen. Doch was wäre, wenn es keine Schwarzarbeit mehr gäbe? Wenn für alle bezahlten Tätigkeiten auch Sozialabgaben und die Einkommensteuer anfielen?

Schmierstoff der Wirtschaft?

Schon die Frage, wie viel Schwarzarbeit es in Deutschland gibt, ist schwer zu beantworten. Dominik Enste vom Kölner Institut der Deutschen Wirtschaft (IW) geht in einer Studie aus dem Jahr 2017 von jährlich 136 Milliarden Euro Wertschöpfung durch Schwarzarbeit aus. Hinzu kommen 75 Milliarden Euro für nicht versteuertes Material. Gäbe es keine Schwarzarbeit mehr, würde jedoch nur rund ein Drittel dieser insgesamt 211 Milliarden Euro der regulären deut-

schen Wirtschaft zugutekommen, sagt Enste. Denn viele
Dienstleistungen würden dann – so Umfragen in der Bevölkerung – entweder selbst erledigt oder aufgrund der höheren Preise nicht mehr in Anspruch genommen. Auch Fried-
rich Schneider, der das Thema lange an der Universität Linz
erforscht hat, sieht in Schwarzarbeit gewissermaßen einen
Schmierstoff der Wirtschaft: Sie ermögliche Dienstleistungen, die sonst nicht erbracht würden. Er schätzt, dass nur
etwa eine Million der Schwarzarbeiter in Deutschland ihre
illegale Tätigkeit in Vollzeit verrichten. Die restlichen acht
Millionen gingen einem regulären Job nach und besserten
sich lediglich ihr Einkommen auf.

Früher Rasenmähen, heute Großbaustelle

Gerhard Bosch sieht das kritischer. Er ist Research Fellow
und ehemaliger geschäftsführender Direktor am Institut
Arbeit und Qualifikation (IAQ) der Universität Duisburg-
Essen. »Bis in die Neunzigerjahre dominierte in Deutschland die Schwarzarbeit im kleinen Maßstab: Rasenmähen,
Babysitting oder ein Handwerker, der mal einen Auftrag
ohne Rechnung erledigte«, sagt Bosch. Diese Art der unversteuerten Arbeit sei eher zurückgegangen, unter anderem
weil sich viele Dienstleistungen im Haushalt steuerlich ab-
setzen lassen. Die organisierte Schwarzarbeit nehme hingegen stark zu: So schickten Scheinfirmen aus dem Ausland
häufig in großem Stil Arbeiter nach Deutschland, die ausge-
beutet würden. Das drücke die Löhne, vor allem in der Bau-
branche oder in den Schlachthöfen.

In einer Welt ohne Schwarzarbeit wären also fast alle Beteiligten besser dran: Zum einen der Staat, weil er mehr Steuern und Sozialabgaben erhielte. Zwischen 0,4 und 1,1 Millionen neue Vollzeitstellen würden bei einer erfolgreichen Bekämpfung entstehen, schätzt das IW. Dadurch könnte der Staat bis zu 8,8 Milliarden Euro zusätzliche Steuern und bis zu 19,8 Milliarden Euro zusätzliche Sozialabgaben einnehmen.

Ein Ende des Preiskampfs?

Doch auch viele Unternehmen profitierten, wenn es keine Schwarzarbeit mehr gäbe: Firmen, die ehrlich abrechnen, sehen sich oft einem ruinösen Preiskampf ausgesetzt, worunter kleine und mittelständische Firmen stärker leiden als Großunternehmen mit mehr als 250 Angestellten. Ein Ende der organisierten Schwarzarbeit würde nicht zuletzt den Schwarzarbeitern nützen, denn von ihr profitieren »vor allem Schlepperbanden, welche die Arbeiter betrügen und einen Großteil des Geldes selbst einstreichen«, sagt Gerhard Bosch.

Ohne Schwarzarbeit stiegen auch die Renten – schließlich gehen all diese Einnahmen an der Rentenkasse vorbei.

Außerdem hörten Fachkräfte vermutlich auf, aus besonders betroffenen Branchen – beispielsweise dem Baugewerbe – abzuwandern. Gut ausgebildete Arbeiter und Arbeiterinnen, die flexibel genug sind, wechseln laut Bosch zunehmend in Branchen, in denen es weniger illegale Konkurrenz und somit auch weniger Preisverfall gibt. Das führt dazu, dass in den betroffenen Industriezweigen gut ausgebildete Arbeitskräfte fehlen.

Mehr Geld für Pflege nötig

Ein Nachteil dieses Szenarios: Manches würde teurer. »Da gerade bei der organisierten Schwarzarbeit aber auch die Hintermänner und Schlepper wegfielen, die einen Großteil des Geld einbehalten, würden die Kosten wohl nicht so stark steigen, wie manch einer befürchtet«, sagt Bosch. Dennoch müssten wir als Gesellschaft umplanen und beispielsweise »deutlich mehr Geld für die Pflege ausgeben – denn dort findet sehr viel Schwarzarbeit statt«.

In der deutschen Bevölkerung hält sich die Sehnsucht nach einer Welt ohne Schwarzarbeit allerdings offenbar in Grenzen: In Umfragen gibt zwar fast niemand zu, unversteuerten Tätigkeiten nachzugehen. Wird jedoch danach gefragt, ob man jemanden kennt, der schwarzarbeitet, sagen nur 40 Prozent, dass ihnen niemand bekannt ist. Für viele scheint es sich um ein Kavaliersdelikt zu handeln: Während 78 Prozent der Deutschen Schwarzfahren und 86 Prozent Steuerhinterziehung »völlig inakzeptabel« finden, liegt der Anteil bei Schwarzarbeit im Privathaushalt nur bei 62 Prozent.

WAS WÄRE, WENN ...

es nur noch biologische Landwirtschaft gäbe?

Der Umsatz mit Biolebensmitteln ist in den vergangenen 20 Jahren langsam, aber stetig von rund zwei auf zwölf Milliarden Euro gestiegen. Inzwischen wird etwa ein Zehntel der Landwirtschaft in Deutschland nach ökologischen Kriterien betrieben: Wertet man die Nutzfläche aus, so sind es 8,9 Prozent; zählt man die Betriebe, sind es 11,7 Prozent. Weltweit liegt der Bio-Anteil an der Landwirtschaft hingegen nur bei rund einem Prozent. Doch was wäre, wenn es – sei es in Deutschland oder sogar weltweit – nur noch biologische Landwirtschaft gäbe?

Ein Drittel mehr Fläche nötig

Ließe sich die Menschheit auch mit den Ernten aus biologischem Anbau noch ernähren? Die Antwort der Experten lautet einhellig: nein. Zumindest nicht, wenn die sonstigen Rahmenbedingungen dieselben blieben. So hat das Schweizer Forschungsinstitut für biologischen Landbau (FiBL) errechnet, dass weltweit ein Drittel mehr Agrarfläche nötig wäre als heute, würde man die Landwirtschaft bis zum Jahr

2050 auf Bio umstellen. Bliebe die Fläche so, wie sie ist, dürften nur noch halb so viele Lebensmittel weggeworfen werden wie bisher (in Deutschland sind das allein elf Millionen Tonnen jährlich, ohne Verluste in der Landwirtschaft). Außerdem müssten die Menschen ihren Fleischkonsum massiv reduzieren. »Vor allem Schwein und Geflügel dürften nur noch selten verzehrt werden, denn statt Getreide und Soja für die Fütterung müsste Nahrung für den Menschen angebaut werden«, sagt auch Sabine Zikeli, Leiterin des Zentrums Ökologischer Landbau der Universität Hohenheim. »Einige Rinder, Schafe und Ziegen könnten auf Flächen grasen, die sich als Ackerfläche nicht eignen, und mit Kleegras gefüttert werden. Geflügel und Schweine könnten nicht anderweitig verwertbare Essensreste und andere Reststoffe bekommen.«

Mehr Emissionen durch weitere Transportwege

Ohne solche Veränderungen wäre eine komplette Ernährung aus Biolandwirtschaft kaum möglich. Auch eine britische Studie aus dem Jahr 2019 kommt zu diesem Ergebnis. Würden England und Wales sich komplett der Biolandwirtschaft verschreiben und die Ess- und Wegwerfgewohnheiten gleich bleiben, müssten durch die rund 40 Prozent niedrigeren Erträge deutlich mehr Lebensmittel importiert werden. Das wiederum würde insgesamt nicht nur mehr Ackerfläche erfordern, sondern auch erhöhte Emissionen durch den Transport verursachen. Und zwar mehr als die 20 Prozent an Treibhausgasen, die durch die Umstellung in England und Wales eingespart würden.

Vorteilhaft wäre eine Umstellung auf Biolandwirtschaft für Boden und Grundwasser. »Die hohen Stickstoffeinträge aus der konventionellen Landwirtschaft belasten das Oberflächen- und Grundwasser stark«, sagt Sabine Zikeli. »Dieses Problem wäre bei einem komplett biologischen Anbau kaum noch vorhanden.« Deutschland drohen derzeit wegen wiederholter Verletzung der EU-Grenzwerte Strafzahlungen von bis zu 850 000 Euro pro Tag.

»Auch die Biodiversität wäre höher«, so Zikeli. »Es gäbe weniger Monokulturen, mehr Beikräuter, eine diversere Artenzusammensetzung und die verbleibenden Nutztiere – wohl auch mehr unterschiedliche Arten, mehr Schafe und Ziegen als heute – wären draußen.«

Besserer Boden, weniger Rückstände

Auch einige physikalische Eigenschaften des Bodens würden laut Zikeli verbessert: Regen könnte beispielsweise besser eindringen, was bei Starkregen Überschwemmungen vorbeugen könnte. Erosion käme aber beim Bioanbau in etwa noch genauso häufig vor.

Was den Nährstoffgehalt angeht, sind biologisch angebaute Lebensmittel den konventionellen nicht automatisch überlegen. Zwar entfallen Rückstände von Pestiziden und chemischen Düngemitteln, aber wie viele Vitamine enthalten sind, wird stärker vom Standort und der Sorte bestimmt als von der Anbauweise. Laut der FiBL-Studie würde man mit der ökologischen Landwirtschaft aber bis zu 27 Prozent weniger Energie verbrauchen – weil kein künstlicher Stickstoffdünger mehr hergestellt werden müsste.

Vorzeigebeispiel Sikkim

Eine Region, die bei der Diskussion immer wieder als Vorzeigebeispiel dient, ist der indische Bundesstaat Sikkim. In dem zweitkleinsten Staat des Landes darf seit Januar 2016 nur noch ökologische Landwirtschaft betrieben werden. Der dortige Ansatz lässt sich jedoch nicht pauschal auf den Rest der Welt übertragen: In Sikkim dominieren Gartenanbau und Kleinbetriebe, es gibt wenig Viehzucht und großflächigen Ackerbau, und die ohnehin geringen Erträge machen die leicht schrumpfenden Bioernten weniger dramatisch. Zudem muss in der bergigen himalayischen Landschaft viel per Hand gejätet werden, eine manuelle Schädlings- und Unkrautbekämpfung bedeutet also kaum Zusatzaufwand und erleichtert den Verzicht auf Chemie.

In anderen Gegenden der Welt ist es hingegen kaum möglich auf Bioanbau umzustellen: So gibt es etwa in vielen afrikanischen Ländern Flächen, auf denen ohne den Einsatz von Mineraldünger wie Phosphat kaum etwas wüchse. Für Bauern in armen Ländern ist allein das Risiko geringerer Erträge ein Grund, der gegen eine hundertprozentige Bioquote spricht. Ein kompletter Umstieg scheint also zu den gegenwärtigen Bedingungen weder möglich noch sinnvoll. Vermutlich ist eine graduelle Verbesserung beider Systeme – also eine umweltfreundlichere konventionelle Landwirtschaft und dort, wo es möglich ist, eine ertragreichere biologische – die realistischere Lösung.

WAS WÄRE, WENN ...

es keine digitale Verschlüsselung gäbe?

Noch vor zehn Jahren war Verschlüsselung vor allem etwas für Unternehmen, Behörden und IT-Profis. Die private Internetnutzung, also E-Mails, Websites, Apps und WLAN-Netze, blieb häufig unverschlüsselt. Das hat sich verändert – nicht zuletzt durch die Enthüllungen Edward Snowdens 2013 über flächendeckende staatliche Überwachung und durch zunehmende Cyberkriminalität. Doch was wäre, wenn es keine Verschlüsselung mehr gäbe?

In wichtigen Bereichen schon lange selbstverständlich

Wie wichtig sie ist, sieht man daran, dass Verschlüsselung in der Finanzwelt, bei Energieversorgern oder beim Militär seit Langem selbstverständlich ist. Allein zwischen 2016 und dem ersten Quartal des Jahres 2019 stieg der Anteil des verschlüsselten Web-Traffics von 53 auf 87 Prozent. Auch mobile Kommunikationsdienste wie Whatsapp, Facebook-Messenger oder iMessage schützen die Konversationen ihrer Nutzer mittlerweile. »In jedem Land der Welt sorgt Com-

putersicherheit dafür, dass die Lichter brennen, die Regale
gefüllt und die Dämme geschlossen sind und der Verkehr
fließt«, schreibt der Whistleblower und ehemalige CIA-Mit-
arbeiter Edward Snowden in einem Gastbeitrag für den britischen *Guardian.*

Anders formuliert: Gäbe es keine Verschlüsselung mehr –
beispielsweise weil ein neuer Supercomputer auch die kom-
plexeste knacken könnte –, kollabierte die digitale Welt.
Auch der IT-Sicherheitsexperte Bruce Schneier ist sicher:
»Verschlüsselung ist nötig, um unsere Gesellschaft am Lau-
fen zu halten.« Das gelte auch für die private Kommunika-
tion. Ohne Verschlüsselung sei jeder von uns angreifbar.
Gleichzeitig fordern Politiker und Behörden immer wieder,
Verschlüsselung zu verbieten – oder Zugänge zu schaffen,
sogenannte Backdoors (Hintertüren), die es staatlichen Stellen ermöglichen, die Inhalte trotzdem zu lesen.

Übertragungs- und Spreicherverschlüsselung

Grundsätzlich kann man zwischen der Übertragungsver-
schlüsselung (Kodierung von Nachrichten) und der Speicherverschlüsselung (Kodierung von Informationen, beispielsweise auf einem Smartphone) unterscheiden. Regelmäßig
gibt es Forderungen aus Sicherheitskreisen, Ausnahmen zu
schaffen. Meist werden bei der Argumentation schwere Ge-
schütze aufgefahren: Über verschlüsselte Messaging-Apps
könnten Kriminelle ungehindert Kinderpornografie austau-
schen, verschlüsselte Laptops erschwerten die Ermittlungen
gegen Terroristen oder die Bekämpfung organisierter Kriminalität.

Ein Verschlüsselungsverbot könne diese Taten allerdings nicht unterbinden, sagt Schneier. Auch Vermummung könne man verbieten, »aber man wird keinen Kriminellen daran hindern können, sie zu benutzen«. Genauso könne man Apple, Facebook und Google verbieten, Daten zu verschlüsseln. Das führe jedoch dazu, dass Übeltäter »auf andere verschlüsselte Kanäle ausweichen und alle normalen Nutzer ungeschützt sind«. Die Strafverfolgung würde also kaum erleichtert. Für Kriminelle wäre es aber deutlich einfacher, ihre Opfer auszuspionieren, vernetzte Geräte vom Thermostat bis zur medizinischen Maschine zu manipulieren oder mit Erpresser-Software Lösegeld zu verlangen.

Schlüssel unter Fußmatten

Und was wäre, wenn es weiterhin Verschlüsselung gäbe – jedoch mit einer heimlich eingebauten Hintertür mit Nachschlüssel für die Behörden? In dem Aufsatz »Keys Under Doormats« hat Schneier 2015 gemeinsam mit anderen Sicherheitsexperten analysiert, was passieren könnte, wenn man die Übertragungs- oder die Speicherverschlüsselung aufhebt. Das Fazit der Autoren: Die Forderung, Strafverfolgungsbehörden sollten in Ausnahmefällen Zugriff auf verschlüsselte Daten erhalten, sei in der Praxis nicht durchführbar und werfe »enorme rechtliche und ethische Fragen auf«. Schon 1996 hielt eine Studie der Nationalen Wissenschaftsakademie der USA fest: »Unter dem Strich überwiegen die Vorteile eines verstärkten Einsatzes von Kryptografie gegenüber den Nachteilen.« Denn selbst wenn die Behörden nur in berechtigten Fällen von diesen Hintertüren und Nachschlüsseln Gebrauch machten, müssten diese erst einmal konstruiert und entweder von den Plattformanbietern, den Behörden selbst oder einem Dritten verwaltet werden.

Allein einen solchen vertrauenswürdigen Treuhänder zu finden, auf den sich die ganze Welt einigen könnte, dürfte schwierig werden. Und: Diese Institution würde selbst zu einem extrem attraktiven Angriffsziel für Kriminelle, Geheimdienste und alle anderen werden, die Interesse an verschlüsselten Konversationen oder Daten haben.

Verschlüsselung funktioniert nur ohne Hintertür

Einen Nachschlüssel nur für »die Guten« zu kreieren ist eine Utopie. Wer fordert, Verschlüsselung mit einer Backdoor auszustatten, zerstört sie nachhaltig. Das mussten beispielsweise rund 100 Mitglieder der griechischen Regierung erfahren, die in den Jahren 2004 und 2005 insgesamt zehn Monate lang abgehört worden waren.

Möglich wurde das, weil Griechenland der National Security Agency (NSA) erlaubt hatte, für die Dauer der Olympischen Sommerspiele in Athen im August 2004 eine Hintertür in das griechische Vodafone-Mobilfunknetz einzubauen. Offiziell, um schneller von eventuell geplanten Anschlägen zu erfahren. Dieser geheime Zugang wurde jedoch nach den Spielen nicht wieder geschlossen.

Wer sie nutzte, um die Politiker auszuspähen, ist bis heute ungeklärt – vieles deutet jedoch auf US-amerikanische Geheimdienste hin. »Wenn du einmal Zugriff hast, hast du Zugriff«, zitiert das US-Magazin *The Intercept* einen früheren ranghohen NSA-Mitarbeiter.

WAS WÄRE, WENN ...

es ein verpflichtendes soziales Jahr gäbe?

Bis zum 1. Juli 2011 existierten in Deutschland Wehrpflicht und Zivildienst. Seit deren Abschaffung gibt es nur noch freiwillige Dienste, für junge Frauen und Männer: das Freiwillige Soziale oder das Freiwillige Ökologische Jahr oder den Bundesfreiwilligendienst etwa – liebevoll abgekürzt »Bufdi«. Doch was wäre, wenn es wieder eine Dienstpflicht für alle Schulabgängerinnen und Schulabgänger gäbe? Ein soziales Pflichtjahr oder Gesellschaftsjahr, wie es die CDU zuletzt ins Spiel brachte?

Juristisch problematisch

Vermutlich wäre eine Grundgesetzänderung erforderlich, denn Artikel 12 garantiert die freie Berufswahl und verbietet jede Form der Zwangsarbeit. Auch die Europäische Menschenrechtskonvention untersagt in Artikel 4 eine Arbeitspflicht. Ausnahmen sind allein der Wehr- beziehungsweise Ersatzdienst, Notfälle wie Naturkatastrophen oder Arbeit im Strafvollzug. Mehrere Einschätzungen, darunter eine des Wissenschaftlichen Dienstes des Deutschen Bundestages, kamen zu dem Ergebnis, dass ein gesellschaftliches Pflicht-jahr juristisch nicht zulässig wäre. »Eine Lösung könnte eventuell darin bestehen, im Rahmen der Schulpflicht ein praktisches Jahr einzuführen, das, anders als die heutigen Kurzzeitpraktika, intensiv pädagogisch begleitet wird«, sagt Hartmut Brombach, Abteilungsleiter für Freiwilligen-dienste und bürgerschaftliches Engagement beim Internationalen Bund, einem freien Träger für Jugendarbeit.

Unterschiedliche Kostenschätzungen

Die Schätzungen über die Kosten gehen weit auseinander: Die Zentralstelle für Recht und Schutz der Kriegsdienstverweigerer aus Gewissensgründen geht von 12 Milliarden Euro aus, während der Volkswirt Wolf Schäfer von der Helmut-Schmidt-Universität Hamburg auf mehr als 22 Milliarden Euro jährlich kommt. Eine ausführliche Analyse der Fachzeitschrift für Freiwilligendienste *Voluntaris* errechnete für das Jahr 2020 Kosten von 13,4 Milliarden Euro, was rund 3,8 Prozent des voraussichtlichen Bundeshaushalts entspräche.

Für diese Zahl hat der Autor Philipp Noack die durchschnittlichen Kosten eines Zivildienstleistenden mit den etwa 750 000 jungen Menschen multipliziert, die im Jahr 2020 zwischen 18 und 19 Jahre alt sind. Da wie beim früheren Wehr- und Zivildienst ein Teil der jungen Leute aus gesundheitlichen Gründen ausgemustert würde, könnten die Kosten vermutlich nach unten korrigiert werden. Auch Transferleistungen wie Arbeitslosengeld, die momentan an Schulabgänger gezahlt werden und während eines Pflichtdienstes entfielen, müssten abgezogen werden.

Indirekte Kosten und direkter Nutzen

Zusätzlich entstünden durch ein Pflichtjahr indirekte Kosten: »So steht bei gleichbleibendem Renteneintrittsalter und der (...) Annahme, dass sich die Erwerbsbiografien (...) ein Jahr nach hinten verschieben, ein Jahrgang weniger zur Verfügung, der mit regulärer Erwerbsarbeit zu Steueraufkommen, Rentenkasse etc. beiträgt«, schreibt Noack. Eine Studie aus dem Jahr 2000 beziffert diese indirekten Kosten mit 6,5 Milliarden Euro.

Dem stünde ein Gewinn für die Gesellschaft gegenüber: Seniorenheimbewohnern würde mehr zugehört, Kröten beim Wandern geholfen. Auch die Schulabgänger profitierten: Sie könnten sich und ihre Interessen, Fähigkeiten und Neigungen besser kennenlernen, soziale Kompetenzen erwerben und durch eine bessere Orientierung später vielleicht einen Beruf ergreifen, der zu ihnen passt. Damit ginge eine höhere Produktivität einher, die einen Teil der Kosten des Dienstes wieder ausgleichen könnte.

Der wirkliche Bedarf liegt woanders

Das Projekt könnte aber am mangelnden Bedarf scheitern: »Die meisten Träger lehnten ein Pflichtjahr aus diesem Grund ab«, sagt Brombach. Auch die Aussetzung der Wehrpflicht wurde am Ende vor allem damit begründet, dass weder Bundeswehr noch Zivildienstträger alle Wehrpflichtigen eines Jahrgangs aufnehmen konnten und es daher keine sogenannte Wehrgerechtigkeit mehr gab. Das zweite Problem laut Brombach: »Gerade im Pflegebereich, wo der Bedarf mit am höchsten ist, kann man niemanden einsetzen, der das nur aus Zwang macht.«

Dem Pflegenotstand ließe sich durch ein Pflichtjahr kaum abhelfen, da ausgebildete Fachkräfte fehlen. Die staatlich subventionierten Pflichtdienstler könnten die Situation sogar verschlechtern, weil durch sie die Gehälter der ungelernten Hilfskräfte gedrückt werden könnten. »Es gibt zwar das Gebot der Arbeitsmarktneutralität, das für den Zivildienst galt und für die Freiwilligendienste auch heute gilt«, sagt Brombach. »Solche Dienste dürfen also offiziell keinen regulären Arbeitsplatz ersetzen. Man kann dennoch davon ausgehen, dass ein Pflichtjahr den Arbeitsmarkt in den unteren Gehaltsklassen des Pflegebereichs, zum Beispiel bei Hilfskräften, kaputtmachen würde.«

Auch Bundeswehr sucht Spezialisten statt Rekruten

Auch die Bundeswehr, bei der man sein Gesellschaftsjahr absolvieren könnte, sucht zwar Personal – aber keine unausgebildeten Rekruten. Benötigt werden Spezialisten, Ärzte oder IT-Experten, die sich langfristig binden wollen. Die rund 8000 Männer und Frauen, die derzeit den freiwilligen Wehrdienst verrichten, sind laut dem Verteidigungsministerium absolut ausreichend.

In Frankreich hat Staatspräsident Emmanuel Macron einen verpflichtenden »Service National Universel« (SNU) versprochen, der Jugendlichen durch gemeinnützige Tätigkeiten Orientierungshilfe und Landeskunde bieten und für ein Miteinander verschiedener sozialer Schichten sorgen

soll. Statt dem geplanten Jahr dauert der SNU aus Kosten-
gründen nun allerdings nur vier Wochen. Rund 2000 Plätze
für Freiwillige gibt es momentan. Langfristig soll der Dienst
verpflichtend werden und für die Zulassung zur Abitur- und
Führerscheinprüfung verlangt werden.

DANKSAGUNG

Mein Dank gilt zuerst der Chefredakteurin von *brand eins*, Gabriele Fischer, und ihrem Stellvertreter Jens Bergmann, die mich 2017 mit der Was-wäre-wenn-Kolumne betraut haben und dieses Buch ermöglicht haben. Die Kollegen Wolf Lotter und Oliver Link haben bei der Konzeption des Kolumnenformats mitgeholfen und der Rest dieser wunderbaren Redaktion bearbeitet sie jeden Monat und macht die Texte durch Rückfragen und Anmerkungen stets besser. Katja Ploch und Victoria Strathon von der Dokumentation prüfen jede Folge auf faktische Korrektheit, verifizieren meine Quellen und checken die zitierten Zahlen. Alle Fehler, die es dennoch in dieses Buch geschafft haben, sind ganz allein meine. Vielen Dank auch an die zahlreichen Leserinnen und Leser von *brand eins*, die mir im Lauf der Zeit geschrieben haben. Sei es, um einen Gedanken anzufechten, sei es um neue Themen für Szenarien vorzuschlagen.

Ein riesiges Dankeschön auch an die Expertinnen und Experten, die mir ihre Zeit geschenkt und ihr Wissen mit mir geteilt haben. Vielen Dank an Tom Kraushaar, Tom Müller, Julia Matthias und Till Tannhäuser vom Tropen Verlag, dass sie an dieses Buch geglaubt haben. Bei Eva Semitzidou, Michael Gaeb und dem gesamten Team der Literaturagentur Gaeb möchte ich mich einmal mehr für die nun schon seit so

vielen Jahren erfolgreiche, freundschaftliche und wunder-
schöne Zusammenarbeit bedanken.

Meiner geliebten Frau Jessica danke ich für ihre Zuneigung
und Unterstützung. Ein Leben ohne sie ist das einzige Szenario, über das ich keine Sekunde nachdenken möchte.